新型盘式管道输送机研究

姚艳萍　著

北　京
冶　金　工　业　出　版　社
2020

内容提要

本书基于散体力学和土力学挡土墙理论，针对盘式管道输送机的特殊结构，推导出了水平管道的侧压力计算公式，并导出了盘式管道输送机各种线路运行阻力的计算公式，为盘式管道输送机的合理设计提供了理论基础。通过实验验证了理论研究、EDEM 仿真及 TOPSIS 评价方法的可行性，为国内盘式管道输送机的设计提供了理论基础、模拟仿真实验方法和设计方案评判依据并积累了数据和经验。

本书可供从事盘式管道输送机设计与生产的科研设计人员和工程技术人员阅读，也可供大专院校相关专业师生参考。

图书在版编目(CIP)数据

新型盘式管道输送机研究/姚艳萍著. —北京：冶金工业出版社，2020.5

ISBN 978-7-5024-8463-7

Ⅰ.①新… Ⅱ.①姚… Ⅲ.①管道输送机—输送机—研究 Ⅳ.①U17

中国版本图书馆 CIP 数据核字（2020）第 051844 号

出 版 人 陈玉千

地　　址 北京市东城区嵩祝院北巷 39 号 邮编 100009 电话 (010)64027926

网　　址 www.cnmip.com.cn 电子信箱 yjcbs@cnmip.com.cn

责任编辑 李培禄 常国平 美术编辑 吕欣童 版式设计 孙跃红

责任校对 郑 娟 责任印制 李玉山

ISBN 978-7-5024-8463-7

冶金工业出版社出版发行；各地新华书店经销；三河市双峰印刷装订有限公司印刷

2020 年 5 月第 1 版，2020 年 5 月第 1 次印刷

169mm×239mm；9.75 印张；187 千字；139 页

57.00 元

冶金工业出版社 投稿电话 (010)64027932 投稿信箱 tougao@cnmip.com.cn

冶金工业出版社营销中心 电话 (010)64044283 传真 (010)64027893

冶金工业出版社天猫旗舰店 yjgycbs.tmall.com

（本书如有印装质量问题，本社营销中心负责退换）

前 言

随着经济的发展，资源、能源、环境等越来越成为工业发展的制约因素，一方面，绿色环保已成为势不可挡的大趋势；另一方面，新时代要求企业向制造业高质量发展转型，自动化、信息化、智能化已成为我国工业弯道超车的路径之一。同时，世界工业新工艺、新技术、新材料发展迅速，企业要适应绿色、安全、环保、智能的新要求，还需突破技术瓶颈，创新发展。

随着现代物流的迅猛发展，农、林、牧、渔业，采矿业，制造业，电力、建筑业，交通运输，仓储、邮政业，餐饮业等领域对节能环保型物料搬运设备的需求越来越迫切。连续搬运机械是主要的物料搬运设备，是指物料（散状物料和成件物品）连续装卸、运输和储存的机械设备，广泛应用于冶金矿山、煤炭化工、粮食食品等散料输送领域和港口、码头、机场、工业企业等物流行业。在现代工业企业中，物料搬运量巨大，例如，每生产 1t 钢，需要搬运的矿石、焦炭和废料等达到近 50t，物料搬运费用占产品成本的 30% 左右。连续搬运机械应用领域和行业广泛、机型种类繁多，随着技术的不断革新，将加速我国连续搬运机械产业的快速变革，智能化、绿色化、节能化是连续搬运机械发展的趋势，谁走到了前面就意味着企业具有着更强大的竞争力。在节能减排政策的驱使下及相关约束性指标的制约下，减少物料搬运过程中所产生的粉尘、噪声及废弃、降低能量消耗，坚持发展以节能减排为核心的物料搬运技术，扩大连续搬运机械在各种极端条件下的适用范围，大幅提高物连续搬运机械的搬运能力、拉大单机搬运长度、扩大搬运角度，加快研发大搬运量、长距离的大型化搬运设备，以迎合物料搬运市场的发展趋势。

进入21世纪，世界经济的快速发展，增加了人们对能源的需求，能源问题已经成为影响各国经济发展速度的战略性问题。作为输送线路技术的革命，低成本高效率的盘式管道输送机已逐渐获得人们的青睐。开展盘式管道输送机的研究和设计，对于提高整机性能、推广应用、促进绿色低碳经济的发展具有重要意义。

国内盘式管道输送机的研究相对滞后，经过近10年的研究，其性能虽有一定程度的改进，但相比国外仍存在规模不大、能耗高、适用范围小等现象。本书针对国内盘式管道输送机设计理论不完善、实验研究薄弱及设计方案评判依据缺乏等问题进行研究，对推动国内盘式管道输送机的发展具有重要意义。

针对国内盘式管道输送机理论研究不完善的问题，根据散体物料极限平衡条件，分析盘式管道输送机刮板作用于物料的静态力及刮板作用力的传播区域，得到盘式管道输送机刮板极限节距计算公式。引入物料参与刮板链条动张力不均匀程度系数，修正了刮板链条动张力计算公式。针对盘式管道输送机圆管料槽的特殊结构，水平输送时按物料的填充量利用分段函数推导出了相应的侧压力计算公式，并采用Matlab绘制了侧压力分布曲线，得到与已有文献中所述的圆形分布截然不同的抛物线形或U字形分布结论，并导出了盘式管道输送机运行阻力的计算公式，走出了目前靠经验估算或利用刮板输送机、埋刮板输送机理论进行盘式管道输送机设计计算的困境，为盘式管道输送机的合理设计提供了理论基础。

目前使用的力学分析软件，由于它们所研究的问题要求在数学上具有连续性，因而不能模拟散体物料在输送过程中的运动特征。盘式管道输送机的整机性能不仅受设计、制造、安装等因素的影响，很大程度上还受物料运动参数的影响，为了提高盘式管道输送机的整机性能，解决目前缺乏计算机模拟仿真实验设计方法的问题，建立盘式管道输送机仿真模型，基于EDEM仿真软件模拟大豆颗粒在输送过程中的宏观运动情况，借助颗粒速度、平均速度、平均动能及钢丝绳平均张力的曲线分布图，获取盘式管道输送机的运行参数并研究其整机性能，解决了通过现场实验获取数据的问题，为盘式管道输送机的设计提供了一种计算机模拟仿真实验方法。

为了解决设计过程中运行参数匹配的多种方案选择问题，应用TOPSIS多属性决策法评价盘式管道输送机的多种设计方案并对结果排序，得到使盘式管道输送机整机性能较优的设计方案及不同填充率下整机性能的优劣变化趋势，为盘式管道输送机设计方案的确定提供了一种简洁、高效的评价方法和评判依据。

在制造厂对盘式管道输送机进行了实验研究，测试了链条张力、运行噪声和电机实际输出功率，结果表明实验测试结果与理论计算、EDEM仿真和TOPSIS评价结论一致。通过实验验证了理论研究、EDEM仿真及TOPSIS评价方法的可行性，为国内盘式管道输送机的设计提供了理论基础、模拟仿真实验方法和设计方案评判依据并积累了数据和经验。

综上所述，本书的研究为盘式管道输送机的设计提供了理论支撑，对盘式管道输送机的发展和推广应用及输送技术的节能化、绿色化具有重要的意义。

作 者

2020年2月

符号说明

β	作用压力平面与主应力平面之间的夹角，(°)（第2章）
	料槽中散体物料填充表面对应的圆心角，(°)（第3章）
	刮板倾角，(°)（第3章）
	瑞利波方程的根（第4章）
φ	散体物料内摩擦角，(°)
n	侧压力系数
n_z、n_{min}	主动侧压力系数
n_b、n_{max}	被动侧压力系数
μ	散体物料内摩擦系数
f	散体物料与料槽壁摩擦系数
F_g	散体物料自重，N
F_s	散体物料内摩擦力，N
F_w	散体物料与料槽的摩擦力，N
θ	滑移面倾角，(°)
t	刮板间距，m（2.4.1节和2.4.2节）
	链条节距，m（2.4.3节）
	运动时间，s（4.3.4节）
t_b	刮板厚度，m
Δt_n	链轮名义节距的最大原始负偏差，mm
D	刮板及料槽直径，m
S_0	水平输送物料在料槽中的横截面面积，m^2
S_1	水平输送物料滑移体的面积，m^2
S	盘式管道输送机料槽横截面面积，m^2
S_S	与物料接触的料槽侧壁面积，m^2
S_{B1}	填充率小于50%时散体物料在料槽中的横截面面积，m^2

S_{B2}	填充率大于50%时散体物料在料槽中的横截面面积，m^2
S_i	料槽的内截面面积，m^2
ρ	中性层的曲率半径，m（2.4.4节）
	液体密度，kg/m^3（3.2.1节）
γ	散体物料堆积重度，N/m^3
γ'	散体物料堆积密度，t/m^3
C	水平输送时滑移体的周长，m
$C_{侧}$	与物料接触的料槽侧壁周长，m
$C_{底}$	与物料接触的料槽底部周长，m
C_i	料槽断面周长，m
c	考虑货物影响的附加系数
c_1	刮板链条参与动载荷的系数
c_2	物料参与动载荷的系数
c、c_{o1}、c_{o2}	积分常数
m_i	颗粒单元 i 的质量，kg
m_c	盘式管道输送机的折算质量，kg
m	料槽壁微弧段的斜率
M_i	单元颗粒 i 的滚动摩擦力矩，N·m
a	弹性波在链条内的传播速度，m/s（2.4.3节）
	方管料槽边长，m（3.2.1节）
a_{max}	输送机刮板链条的瞬时最大加速度，m/s^2
σ_x	x（侧壁）方向应力，N/m^2
σ_y	y（重力）方向应力，N/m^2
σ'_x	刮板对物料的作用力，Pa
σ_x''	物料中的最大侧压力，Pa
F_{hd_1}	刮板链条上产生的动张力，N
$F_{c,ij}$	颗粒单元间接触力，N
$F_{d,ij}$	颗粒单元间弹性阻力，N
$F_{ct,ij}$	颗粒单元间切向方向接触力，N
$F_{dt,ij}$	颗粒单元间切向方向弹性阻力，N

F_h、F_x	刮板水平作用力，N
q_B	散体物料单位长度线载荷，N/m
q_F	物料线载荷，N/m
q_{SC}	刮板链条单位长度线载荷，N/m
η_V	容积效率,%
η_i	输送效率,%
$\eta_{输}$	输送机传动机构的效率,%
V	盘式管道输送机料槽理想容积，m^3
V_{SC}	盘式管道输送机刮板链条体积，m^3
I_{Vth}	理论体积输送量，m^3/h
I_m	质量输送量，h/t
I_V	体积输送量，m^3/h
v_c	链条运行速度，m/s
v_i	颗粒单元 i 的速度，m/s
v_R	弹性固体颗粒单元 i 表面的瑞利波波速，m/s
v	刮板链条的速度，m/s
R	刮板半径，m
R_1、R_2	两相互接触的球体颗粒单元半径，m
R^*	接触球形颗粒单元有效半径，m
$\boldsymbol{R}_i$	由颗粒单元质心指向接触点的矢量
W_h	水平段运行阻力，N
W_{hS}	水平段刮板与料槽间的摩擦力，N
W_{hBG}	水平段散体物料与料槽间的摩擦力，N
$W_{hBG}^{\square}$	散体物料与方截面料槽壁间的运行阻力，N
W_V	垂直段运行阻力，N
W_{VSC}	垂直段刮板、散体物料与料槽间的摩擦力，N
W_{VBG}	垂直段散体物料与料槽间的摩擦力，N
W_{LG}	管道刮板输送机倾斜路径运行阻力，N
w_1、w_2	梁上 1 和 2 接触面处的挠度
L	管道刮板输送机长度，m

L_h	管道刮板输送机水平段长度，m
L_{PT}	测量总平均声级，dB
L_{Pi}	频带声压级测量值，dB
L_{PB}	测量背景平均声级，dB
L_{eqA}	盘式管道输送机 A 计权声压级，dB
H	盘式管道输送机垂直路径高度，m
h	容器中物料/液体高度，m
p_y	y 方向压力，N/m^2
p_x	x 方向压力，N/m^2
p_α	斜壁上的压力，N/mm^2
$p_{\alpha o}$	物料填充率大于 50%时，料槽上半部分壁上的压力，N/mm^2
p_{yo}	物料填充率大于 50%时，料槽上半部分物料产生的正压力，N/mm^2
$p_{\alpha u}$	物料填充率大于 50%时，料槽下半部分壁上的压力，N/mm^2
δ	输送机倾角，(°)（3. 6. 3 节）
	两颗粒单元接触面上的切向位移，mm（4. 3. 3 节）
$\Delta\delta$	切向位移的增加量，mm
$\Delta\alpha$	两接触颗粒单元法向平面内的重叠增加量，mm
α	斜壁的倾角，(°)
y	悬臂梁边缘距中性层的距离，m
θ_A	端截面转角，(°)
EI	梁的抗弯刚度，N/m^2
E^*	接触球形颗粒单元有效弹性模量，MPa
E_1、E_2	球形颗粒单元 1 和球形颗粒单元 2 的弹性模量，MPa
E_0	链条的弹性模量，MPa
ΔN	两接触颗粒单元法向平面内的法向力增加量，N
N	法向力，N
N_i	颗粒单元 i 的体力，N
T	切向力，N
ΔT	切向力的增加量，N
T_i	颗粒单元 i 所受扭矩，N · m

μ 球形颗粒单元表面静摩擦系数

μ_{SC} 刮板链条与料槽间的摩擦系数

f、μ_B 散体物料与料槽间的摩擦系数

ω_i 颗粒单元 i 的旋转角速度，rad/s

I_i 颗粒单元 i 的转动惯量，kgm^2

ε_1、ε_2 应变片 1 和 2 所测应变，με

ε_{M1}、ε_{M2} 1 和 2 处由弯矩产生的应变，με

ε_F 由拉力产生的应变，με

r 弯管半径，m

$\boldsymbol{r}_1$、$\boldsymbol{r}_2$ 两相互接触的球体颗粒单元球心位移矢量

L_1、L_2 应变片 1 和 2 在链条上的位置，m

ν_1、ν_2 球形颗粒单元 1 和球形颗粒单元 2 的泊松比

G^* 球形颗粒单元有效剪切模量

G_1、G_2 球形颗粒单元 1 和球形颗粒单元 2 的剪切模量

$p_{\alpha u,2}$、$p_{\alpha u,3}$ 当物料填充率大于 50%时，物料在料槽壁上的压力，N/mm^2

λ 备用系数

K_1 速度系数

K_2 几何系数

φ 物料内摩擦角，(°)

φ_w 摩擦角，(°)

ν 颗粒材料的泊松比

目　录

1 绪　论

1.1 研究意义

连续输送机是沿一定的输送路线，将物料从装载点到卸载点以变化的或恒定的速度进行输送的设备[1]。在各行业的生产过程中，连续输送机起着承前启后的过渡作用，也是生产线中必不可少的组成部分。连续输送机种类很多，常见的有：螺旋输送机、刮板输送机、带式输送机、斗式提升机、埋刮板输送机、气力输送系统等。不同的输送机由于结构组成和运行特点不同总会有一些不同的优点和不足存在[2]，如：

(1) 气力输送：气力输送又称气流输送，是利用气流的能量，在密闭管道内沿气流方向输送颗粒状物料，是流态化技术的一种具体应用，如图 1-1 所示。吸送式气力输送的优点是：1）供料点可以是一个或几个，料管可以装一根或多根支管，可将物料从多处向一处集中输送；2）在负压作用下，物料很容易被吸入，因此喉管处的供料简单，料斗可以敞开，能连续供料和输送；3）物料在负压下输送，水分易于蒸发，因此水分较高的物料易于输送，对加热状态下供给的物料，经输送可起到冷却作用。压送气力输送的优点是：1）适用于从一处向几处进行分散输送，即供料点是一个，而卸料点可以是一个或者是几个；2）与吸送式相比，浓度与输送距离可大为增加；3）在正压情况下，物料易从排料口卸出，因而分离器、除尘器的构造简单，一般不需要锁风器；4）鼓风机或空气压

图 1-1　气力输送系统

缩机在系统首端，对空气净化程度要求低。

气力输送的缺点是：吸送式气力输送部件要保持密封，分离器、除尘器、锁风器等部件的构造比较复杂，风机设在系统末端，要求空气净化程度高；压送气力输送物料不易进入输送管，供料装置构造比较复杂；输送过程中管道容易堵塞，较高的输送速度，使物料与管壁撞击加剧、摩擦增大，使管道及与被运物料接触的构件易于被磨损，容易使物料颗粒破损，不宜输送易于成团黏结和怕破损的物料，所消耗的功率较大；存在引起火花的安全隐患。

（2）斗式提升机：斗式提升机（如图 1-2 所示）的优点是：可垂直输送物料而占地很小，能节省地面面积；相比于倾斜的带式输送机，在提升同样高度时，输送路程大大缩短；能在封闭罩壳内进行物料输送，不扬尘，避免了物料与环境的相互污染。其缺点是：输送物料的种类受到限制，过载敏感性大；必须给料均匀；装卸物料时容易产生高浓度粉尘，易引起粉尘爆炸，另外牵引链条或输送带与罩壳间的摩擦易引起火花；链条运行速度高时能量消耗大，是盘式管道输送机能耗的 3~4 倍。

图 1-2 斗式提升机

（3）刮板输送机：刮板输送机（如图 1-3 所示）的主要优点是：结构简单，当两个分支同时成为工作分支时，可以同时向两个方向输送物料；可以同时沿输送机长度上的任意位置进行装料和卸料。其缺点是：物料在输送过程中存在死区，刮板链条与机槽金属接触，噪声大，能耗高，只能二维空间布置线路。

（4）埋刮板输送机：埋刮板输送机（如图 1-4 所示）的主要优点是：可以输送粉末状、颗粒状、块状的、有毒的、腐蚀性的、300~400℃高温的物料；工艺布置灵活，可以水平、倾斜、垂直输送，可以在整个线路上进行多点加料和卸

图 1-3 矿用刮板输送机

料；体积小、占地面积小。其缺点是：料槽易磨损，链条埋在物料层中，工作条件恶劣，关节处磨损强烈，不适于输送黏性的、易结块的物料；运行速度低，生产率低，能耗较大。

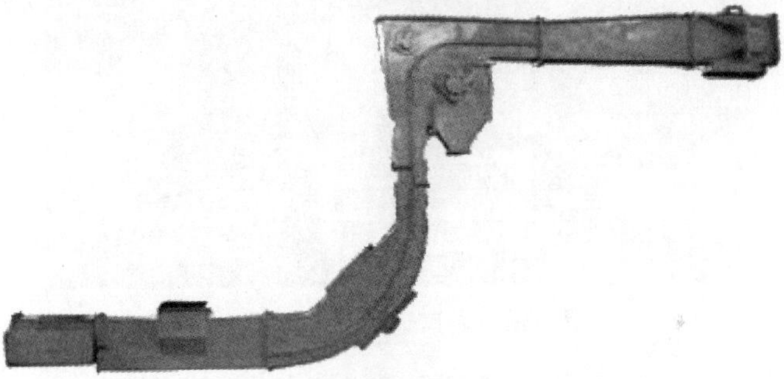

图 1-4 埋刮板输送机

（5）螺旋输送机：螺旋输送机（如图 1-5 所示）的主要优点是：结构简单，操作维修方便，制造成本低；便于在若干位置进行中间加料或卸料；在同一台机器中，可进行两个方向的输送；可做成全封闭，防止灰尘飞扬，环境卫生好。其缺点是：由于物料与机槽、叶片摩擦，且中间吊装轴承使得物料在此处堆积，增大功率消耗；机槽和螺旋叶片易磨损；物料在输送过程中易破碎；由于螺旋轴的刚性要求，不宜作长距离的输送；对过载敏感性强，不宜输送杂质含量大的物料，因为容易引起堵塞。

（6）通用带式输送机：通用带式输送机（如图 1-6 所示）是靠摩擦传动来连续输送物料的输送设备，可在垂直面内灵活布置线路；中间卸料时需要采用卸料小车或卸料器等专门的卸料装置；输送过程中容易产生粉尘和静电，与环境接触存在双向污染，且根据不同的输送环境，当需要安装防爆设计时，极大地增大了制造成本；维修费用高。

图 1-5　港口螺旋输送机

图 1-6　港口通用带式输送机

（7）盘式管道输送机：盘式管道输送机（如图 1-7 所示）是一种借助链条或钢丝绳牵引，使固结于其上的刮板推动物料，以非间断方式输送物料的连续输送设备。根据预先设定的输送线路，物料从加料点输送至卸料点。不论粉末状物料、颗粒状物料，还是低强度的块状物料、回收处理的瓶盖、玻璃瓶等小型成件物品，均可使用盘式管道输送机完成输送过程。在医药、化工、农业、畜牧、煤炭、电力等工业生产和生活中使用盘式管道输送机输送的物料主要有颜料、硫黄、尿素、农药、工业盐、煤粉、水泥、沙子、粮食、家畜粪便、垃圾等，如图 1-8 所示。盘式管道输送机可实现水平、垂直和空间弯曲线路的物料输送；既可以独立输送，也可以多台联合输送，亦或联合其他输送设备组成复杂的输送系统，以满足多线路、多种类物料输送工作线的需要。相比于斗式提升机，盘式管道输送机没有引起火花的安全隐患，垂直输送时自重张紧，不需要额外的张紧装置，能耗低，输送无死区；相比于刮板输送机，工程塑料的刮板与金属接触，磨损小、噪声低，三维布置输送空间，能耗低、效率高；相比于圆管带式输送机，同样三维布置，可以有多个进料口、卸料口，少静电与粉尘溢出；相比于螺旋输送机，空间转弯，输送距离可几倍于螺旋输送机。盘式管道输送机具有空间任意布置线路的独特优势，如图 1-9 所示，被誉为输送线路技术的革命。考虑各种输送机械独特的特点和优势，实际生产中权衡经济、环境、效益等多方面的因素，选用合适的机型实现物料的输送，表 1-1 所示为各种输送机性能特征的参考。

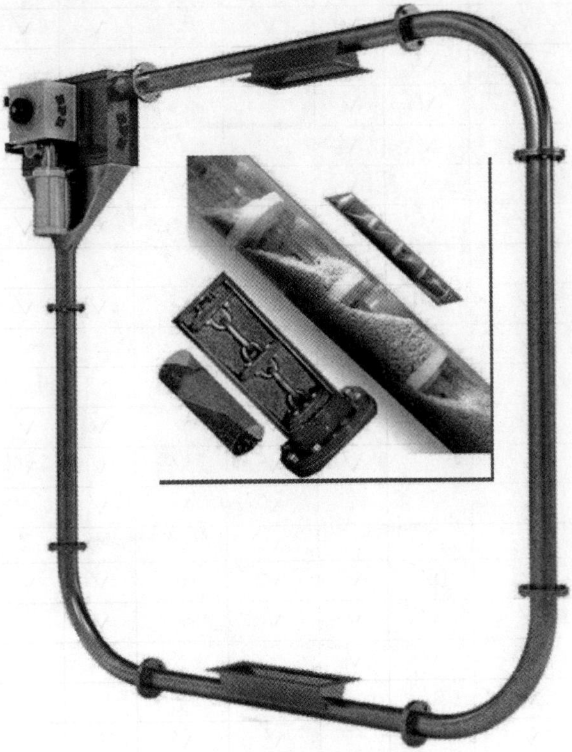

图 1-7 盘式管道输送机

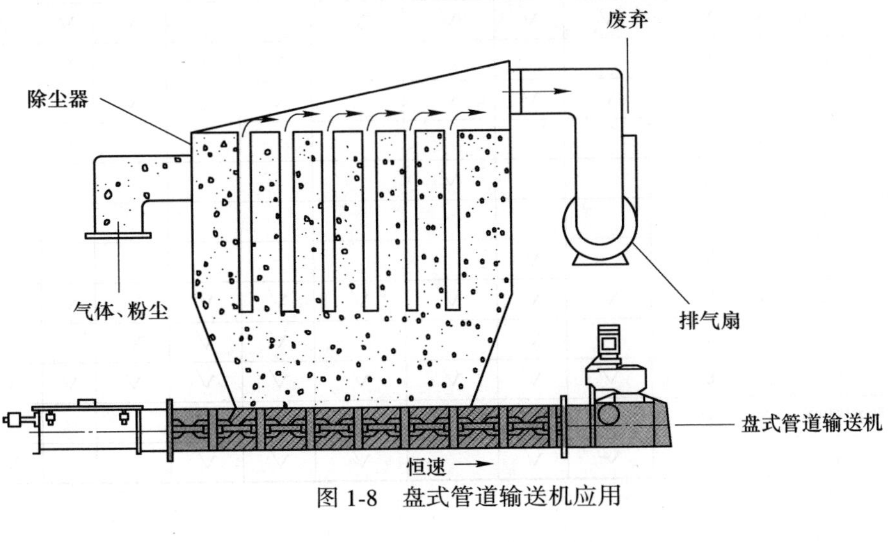

图 1-8 盘式管道输送机应用

表 1-1　各种输送机性能特征

指标	类型	圆盘管道刮板输送机	弯曲螺旋输送机	螺旋输送机	槽型带式输送机	吊挂式带式输送机	埋刮板输送机	斗式提升机	振动输送机	气力输送	FLOVEYOR
总体特征	大容量			√	√	√	√	√	√	√	√
	中等容量	√	√	√	√	√	√	√	√	√	√
	小容量	√	√								
	速率可变	√	√	√							
	低维修费用	√	√	√			√		√		√
	新设施	√	√	√	√	√	√	√	√	√	√
	旧设施	√	√				√	√		√	√
	低安装成本		√								√
	高安装成本	√		√	√	√	√	√	√	√	
	低能耗	√	√						√		√
	高能耗									√	
	0~20m	√	√	√	√	√	√	√	√	√	√
	20~30m	√		√	√	√	√	√		√	
	30~120m	√			√	√	√			√	
	>120m				√	√				√	
功能特征	全封闭式结构	√	√	√	√	√	√	√	√	√	√
	多点加料	√	√	√	√	√	√		√		√
	多点卸料	√	√	√			√			√	√
	空间弯曲布置	√								√	√
	自清扫	√			√	√			√	√	√
	防尘	√	√	√			√	√		√	√
	轻微振动	√	√	√	√	√			√	√	√
	密闭高压	√					√			√	
	自动给料	√	√	√	√		√		√		
	粉尘过滤系统									√	
散体材料属性	Sludge	√			√						
	泥浆	√									
	潮湿的	√		√							
	干燥的	√	√	√	√	√	√	√	√	√	√
	热的	√		√			√	√	√		
	冷的	√	√	√	√	√	√	√	√	√	√
	吸湿性强	√	√					√			
	混合	√	√	√		√	√	√			√

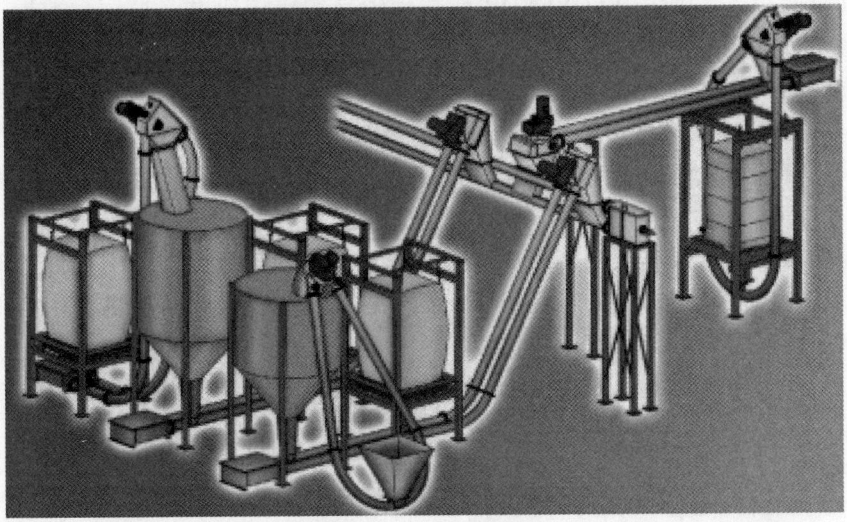

图 1-9 灵活的线路布置

国外，盘式管道输送机的应用非常广泛。国内，近年来生产制造企业经过不懈努力，盘式管道输送机的应用也逐渐增多，特别是在化工行业。但与国外相比，国内盘式管道输送机的研究相对滞后，仍存在很大的差距，经过近十年的研究，其性能虽有一定程度的改进，但相比国外存在规模不大、能耗高、适用范围小等现象。主要是缺乏相应的理论分析和有效的设计方法，使得设计还处于模仿阶段，自主设计生产的盘式管道输送机整机性能较差，与国外的同类产品貌合神离。本书选取盘式管道输送机为研究对象，对其进行力学分析、离散元软件仿真和整机性能评价，为盘式管道输送机的设计提供了理论支撑，具有重要的理论意义和工程应用价值。

1.2 盘式管道输送机概述

20 世纪 20 年代，英国面粉商 Redler 发明了刮板输送机，在此基础上于 20 世纪 50 年代末，英国的 Robert Walker 工程师制作了一个由一根绳串联木制圆盘在管道内运行的装置，用该装置来输送花生，结果运行效果良好。在此基础上，Robert Walker 于 1960 年在西澳大利亚州提出了 aero-mechanical conveying 的理念并和他的妻子组建了一个公司，专为输送粉体物料的设备修改设计，并获得了专利。1962 年在 Perth 农业部展出了第一台 FLOVEYOR。1964 年，他的公司更名为 Production Machinery Co. Pty Ltd。FLOVEYOR 最初是作为一种经济的花生传送装置，经过 60 多年的发展有了很大的变化，目前已在 50 多个国家得到推广和应用。

FLOVEYOR 以钢丝绳作为牵引构件，由于钢丝绳在运行过程中速度、加速度波动范围小[2]，所以 FLOVEYOR 能达到较高的输送速度，且运行平稳，能空间任意布置。但由于钢丝绳的结构特点，它不能满足不同块度、湿度及其他特殊性能物料的输送。在此技术基础上发展起来的盘式管道输送机（Tube Scraper Conveyors，TSC），又称管链输送机（Tube Chain Conveyor，TCC）或串联盘输送机，采用链条替代钢丝绳作为牵引构件，这样该输送机几乎能满足所有物料的输送。

连续输送机械根据其结构组成及工作原理，分为具有挠性牵引构件的输送机械和不具有挠性牵引构件的输送机械，盘式管道输送机是具有挠性牵引构件的新型高效连续输送设备，具有以下优点[3]：

(1) 牵引构件是具有挠性的链条或钢丝绳，如图 1-10 所示，所以输送线路布置非常灵活；

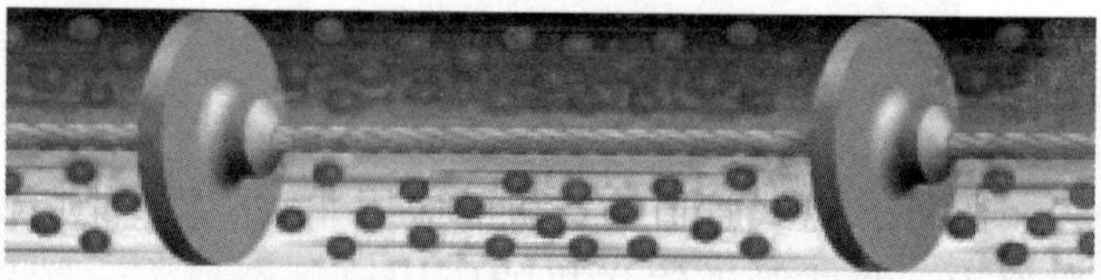

图 1-10　盘式管道输送机牵引构件

(2) 输送范围广，在国外的实际生产中，在不同的行业及部门，用以输送各种物料；

(3) 精细化工物料包括：颜料、染料、涂料、炭黑、钛白粉、氧化铁、陶瓷粉、重钙、轻钙、膨润土、分子筛、高岭土、硅胶粉、活性炭等；

(4) 塑料工业物料包括：PVC/PP/PE 粉料、ABS /PC/ PP /PE 颗粒；

(5) 农药矿石物料包括：尿素、氯化铵、碳酸氢铵、苏打粉、固体农药、钨粉、农药助剂、铜精矿粉、煤粉、磷矿粉、氧化铝粉等；

(6) 建筑材料物料包括：水泥、陶土、黄沙、石英砂、黏土粉、硅石、石灰石粉、白云石粉、木屑粉、玻璃纤维、二氧化硅、滑石粉等；

(7) 食品工业物料包括：面粉、淀粉、谷物、奶粉、食品添加剂等；

(8) 在生产率相同的情况下，与其他类型的输送机相比，盘式管道输送机占地面积小，空间利用率高。

1.3 国内外盘式管道输送机研究动态

1.3.1 国外盘式管道输送机研究动态

国外盘式管道输送机的应用非常广泛，表 1-2 列举了国外几个公司的产品参数。

表 1-2 国外盘式管道输送机参数

公司或产品名称	盘式管道输送机参数
Buchan（维多利亚）	$L_{max}=122m$，$H=26m$，$Q_{max}=600m^3/h$
Sukup	$L_{max}=101.5m$，$Q_{max}=270t/h$，$v=2.03m/s$
Luxme	$L_{max}=49m$，$H_{max}=30.48m$，$Q_{max}=226.5m^3/h$，最高温度 815.6℃
Schrage（德国施拉格）	$Q_{max}=80m^3/h$

早在 1908 年德国的 Hanfstengel 就已经简单描述了一种类似于拔河绳的输送装置，Hanfstengel 仅描述了其大概形状及工作过程[4]，没有将其推广开来，尽管如此，该文献仍然为管链输送机的问世、应用及之后的研究奠定了基础。直到 1960 年英国工程师 Robert Walker 的 FLOVEYOR 问世，才开启了盘式管道输送机的系列研究。

国外的专家、学者从结构、组成、运行参数、理论计算、实验测试等方面对盘式管道输送机进行了广泛的研究。

1960 年，英国工程师 Robert Walker 公布 FLOVEYOR 专利以后，苏联工程师 К. А. 乌索夫在 Труды《ВНИИПТ—МАШ》一文中系统地介绍了盘式管道输送机的结构、基本组成、线路布置和工作特性等问题，并阐述了该输送机的理论计算步骤及过程[5,6]。К. А. 乌索夫认为，盘式管道输送机料槽侧压力是呈圆形分布的，只是该圆的圆心不与料槽的圆心重合，这一结论与论文研究得到的侧压力分布情况大相径庭，导致基于此理论计算设计的盘式管道输送机性能不佳。

近 20 多年来德国马格德堡大学 Institut für Förder-und Baumaschinentechnik, Stahlbau und Logistik（IFSL）的 F. Krause、W. Banse、S. Schmolke 和 A. Werner 等人，对盘式管道输送机开展了一系列的研究工作。

（1）1997 年，在“Beanspruchung der Rundstahlkette von Stauscheibenförderern (Rohrkettenförderer)”[7]和“Bewegungswiderstände und Kettenbeanspruchungen bei Stauscheibenförderern”[8]的研究中指出：盘式管道输送机主要的故障是链条磨损严重，甚至破损，而链条的破损发生在链环的套接处。提出将刮板与链条的焊接连接改为螺栓连接，因为焊接时的局部高温破坏了刮板和链条的组织结构，使其链条性能降低。

（2）1998 年，发表论文“Theoretische und Experimentelle Untersuchungen an Einem Rohrkettenförderer-Versuchsstand”[9]，他们通过建立盘式管道输送机实验样机，对相关的理论计算结果通过样机进行验证，从而指导理论计算时参数的选取。同年在散装物料输送系统研讨会上，有关专题报告[10,11]汇报了使用小麦和面粉为输送对象，进行盘式管道输送机性能的测试，从而得到盘式管道输送机输送不同物料时牵引构件运行阻力的变化，得出输送不同物料时，链条张力的计算要引入一个与物料性能有关的修正系数。该实验数据首次给出了该参数的范围值，虽然实验数据有限不能完全反映该参数的范围及选用，但使得他们对盘式管道输送机输送机理的研究迈进了一步。为了获取全面、充足的实验数据，合理地分析盘式管道输送机输送机理，还需要大量的实验研究。

（3）2001 年，在文献［12］和［13］中，他们应用测试技术对链条张力进行测试。他们将自制的无线应变采集器固定在刮板一侧进行链条张力的测试，使得测试系统能随刮板链条在封闭料槽中运转，并进行数据的采集，该实验取得了一定进展，实现了在封闭的管内采集应变信号，为之后实验数据的测量提供了一种切实可行的方法。同年在“Untersuchungen zum Einfluß von Schüttgutparametern auf den Fördervorgang von Rohrkettenförderern”[14]一文中，研究了散体物料的物理特性及其对盘式管道输送机性能的影响，结合之前文献［12］的研究给出了链条张力变化曲线，指出链条张力的大小与链条运行速度无关，而与物料特性和填充率有关，该研究为合理计算刮板链条张力提供了理论依据，这一研究对盘式管道输送机的输送机理及理论研究至关重要，使得对盘式管道输送机的研究迈上了一个新台阶。

（4）2001 年，Andre Katterfeld 的毕业论文“Theoretische Analyse Eines Berechnungsmodells von Rohrkettenförderern und Experimentelle Überprüfung durch Parametervariation”[15]初步论述了盘式管道输送机的理论计算和实验方法，他借鉴前辈的研究方法和成果，提出了针对圆截面管道的侧压力计算方法，并通过实验测量获取了相应物料的一些参数，初步绘制出了盘式管道输送机侧压力的大致分布形式[16]，但该论文部分计算公式推导有误，需要改进和进一步研究。

（5）2004 年，他们在“Functional Analysis of Tube Chain Conveyors”[17]一文中指出，首先，到目前为止尚没有一个完整的理论来描述盘式管道输送机的计算；其次，盘式管道输送机虽然可以通过偏转半径轮来实现小半径转弯，但是，当物料填充率高时，转弯处链条、物料、链轮之间的磨损会加剧，缩短了盘式管道输送机的使用寿命。他们应用小麦进行实验，确定了线路布置复杂时，不同物料填充率下链条张力的变化，给盘式管道输送机输送物料时，填充率的确定提供了一定参考。初步提出可以使用离散元软件对盘式管道输送机运行时颗粒运动情况进行仿真。

2010 年，波兰的 K. Furmanik 和 P. Kasza 在“Additional Resistances of Movement of a Scraper Pipe Conveyor”[18]一文中探讨了盘式管道输送机在运行过程中附加阻力产生的原因，以及对刮板链条运行和功率选择的影响，补充了刮板链条运行阻力的计算公式，从而使得电机的选用与实际需要更贴近。

综上所述，国外对盘式管道输送机的研究涉及了结构、原理、理论及实验等方面，其中大部分研究成果均出自德国马格德堡大学 IFSL 研究所的相关工作人员。这些研究成果虽然没有形成完整的、系统的理论，但还是提高了盘式管道输送机的性能，为盘式管道输送机的进一步研究奠定了基础。

1.3.2 国内研究现状

盘式管道输送机最早是由德国人发明的，目前也不过几十年的历史。国内从事盘式管道输送机的制造厂家，最长的历史不超过十年，在设计、制造等很多方面都有待提升。表 1-3 列举了国内几个公司的产品参数[2]。盘式管道输送机虽然外形结构简单，但是设计工艺有其独特之处，力学模型不到位，设计的产品容易产生故障，且性能较差。国内盘式管道输送机的使用，目前主要是 PAT、PET 等化工原料输送。随着理论研究的深入和制造水平的提高，盘式管道输送机作为新型的输送设备，会被更多的领域采用。

表 1-3 国内盘式管道输送机参数代表

公司或产品名称	盘式管道输送机参数
上海拜肯	$H=46\text{m}$（印度 PTA）
上海凯瑞达	$L_{max}=80\text{m}$，$H_{max}=50\text{m}$，$Q_{max}=300\text{m}^3/\text{h}$
天津隆业	$D=350\text{mm}$，$L_{max}=100\text{m}$，$H_{max}=50\text{m}$，$Q_{max}=150\text{m}^3/\text{h}$

国内对盘式管道输送机的研究虽然起步较晚，但一些设计和研究人员对此作了大量的工作，包括理论分析、有限元仿真、PIID 控制、遗传算法及现代设计方法等方面的研究。但这些研究均缺乏对盘式管道输送机输送机理的合理描述，使得基于该机理的研究结果的可靠性有待进一步考究。其中太原科技大学在盘式管道输送机理论方面研究较多，而辽宁工程技术大学则在结构和设计方法方面有较多的研究。

（1）理论计算方面：最早的关于盘式管道输送机的理论描述是 1964 年康秀宝翻译的苏联文献[5]。该文献介绍了管链输送机的基本组成、应用范围、工作特性、线路布置，以及链条与刮板的固接位置及形式等。较早的理论分析有林镜榆于 1983 年的译文"管道链式输送机设计中的一些主要参数"[19]，文中指出盘式管道输送机在畜牧业饲喂和清粪系统中的应用，通过物料和链条摩擦阻力推算该输送机各阻力值的当量摩擦系数，从而计算各阻力值并叠加，以此来选择驱动电机。该计算方法所得结果还有待改进，但对盘式管道输送机的设计有一定的指导意义。

2013 年，太原科技大学在文献［20、21］中研究了垂直盘式管道输送机输送机理，应用散体力学理论，对该输送机承载段的散体物料进行力学分析，得到垂直路径输送时确定刮板间距和线路运行阻力的计算公式，但该文献没有全面考虑散体物料特性，故结论与实际情况还存在一定的偏差。

（2）PID 控制方面：辽宁工程技术大学的栾丽君、石树林等人对计算机算法及 PID 控制在盘式管道输送机上的应用做了大量研究。文献［22、23］在理论分析的基础上，由于盘式管道输送机工作过程的不确定因素，采用 BP 神经网络 PID 控制和 Matlab 模拟仿真，得到盘式管道输送机的电动机能较好地跟踪控制输入值，从而优化了设备性能。文献［24］在垂直盘式管道输送机输送机理研究的基础上，讨论了盘式管道输送机恒功率输送物料时，刮板上物料高度的确定，采用 PID 控制给料螺旋输送机的电机转速，从而使盘式管道输送机在恒功率下工作。

阜新矿业集团的刘尚启和沈阳煤业集团的付晓东[25]采用离散控制的系统辨识原理及系统分析方法，用最小二乘法得到盘式管道输送机系统在某一状态的参数模型，验证说明最小二乘法能够给出系统模型参数的良好估计，使得所建模型接近真实情况，极大地缩短了探索建模的时间。

（3）仿真方面：在计算机仿真方面辽宁工程技术大学做了以下相关研究：

他们通过对盘式管道输送机系统的动态分析，得出了系统的非线性非齐次动力学模型，确定了系统参数。通过灵敏度迭代 Lanczos 法求解系统方程，得出了系统的近似模态参数[26]。

针对盘式管道输送机链轮的参数化设计和有限元分析，应用 Pro/Engineer 软件建立链轮参数模型，应用 Pro/Mechanica 对链轮进行力学分析和模态分析，得到链轮的受力情况，为链轮的选用和设计提供理论参考[27]。

文献［28］应用 Matlab 软件，采用遗传算法对刮板进行优化。在散体物料属性以及电动机额定功率已知的情况下，得出刮板在输送机输送效率最高时的主要参数的最优值，为盘式管道输送机的结构设计提供一定的参考。

文献［29］研究了盘式管道输送机在从动轮处的管道内壁受力情况，应用 FLUENT 仿真软件，分析从动轮不同角度时煤粉分布情况及刮板的受力情况，得到整个盘式管道输送机在运行过程中会产生较大的机械振动和噪声，但其研究仅得到盘式管道输送机运行过程中机械振动和噪声较大的结论，而未提出减小振动和降噪措施。

文献［30］根据盘式管道输送机的结构建立输送机有阻尼多自由度振动力学模型，并分析确定了系统参数，提出并论证了盘式管道输送机是一种非线性多自由振动系统的理论基础。

（4）设计方法方面：太原科技大学研究了盘式管道输送机的组成、原理、应用及使用 TOPSIS 方法评价整机性能，得到合理评价整机性能的方法，同时为设计人员提供了一种有效评价盘式管道输送机整机性能的方法[31]，但该文献使用的 TOPSIS 方法在评价过程中存在逆序问题，有待进一步改进。

辽宁工程技术大学栾丽君等人研究了现代设计方法在盘式管道输送机中的应

用，缩短了盘式管道输送机的设计周期，使得设计缺陷在产品设计过程中就得到改进，节约了设计成本，提高了产品性能[32]。

总之，国内近年来对盘式管道输送机的研究逐渐增多，但主要集中在有限元仿真、PID 控制、计算机算法及系统可靠性分析等方面，对其理论计算方面的分析明显不足，而理论是设计的依据，由于缺乏理论指导使得我国自主设计生产的盘式管道输送机整机性能较差，与国外的同类产品形似神离。

1.4 存在的问题

（1）不论是国内还是国外，到目前为止，盘式管道输送机仍然缺乏一套系统的设计计算理论。国内设计人员在设计盘式管道输送机过程中，常规行矩步根据刮板、埋刮板输送机设计手册和国家及行业相关标准进行设计，思路受到一定程度的限制；另外，设计、研究人员理论基础相对薄弱，没有对盘式管道输送机的输送机理进行深入研究，基本是在模仿国外产品的基础上，根据自己多年设计埋刮板和刮板输送机的经验，臆定参数匹配进行经验设计，当输送量较小时这样设计的盘式管道输送机虽然性能一般，但基本能够满足日常生产需求，随着输送量增大，上述问题不断显现出来。

（2）需要一种有效的计算机模拟仿真实验方法，解决通过现场实验获取数据的问题。盘式管道输送机的整机性能不仅受设计、制造、安装等因素的影响，很大程度上还受物料运动特征的影响。目前使用的力学分析软件，由于它们所研究的问题要求在数学上具有连续性，因而不能模拟散体物料在运行过程中的运动特征。

（3）没有设计方案评判方法及依据。在设计过程中面临多种运行参数匹配的选择问题时，设计人员只能靠经验来确定，这样的设计仅仅停留在满足基本生产要求的层面上，不能确保选用的方案能使整机性能较优。

1.5 研究内容和实现方法

为解决盘式管道输送机理论研究薄弱的问题，本书深入剖析盘式管道输送机不同于刮板输送机及埋刮板输送机的输送机理，应用理论力学、散体力学及土力学挡土墙基本理论，针对盘式管道输送机特殊的圆管料槽分析其输送物料时侧压力的分布情况，得到侧压力及运行阻力的计算公式，走出了目前靠经验估算或借助刮板、埋刮板公式计算的困境，为盘式管道输送机的合理设计计算提供了理论基础；为了提高盘式管道输送机的整机性能，解决缺乏实验设计方法的问题，建立盘式管道输送机仿真模型，基于 EDEM 仿真软件模拟大豆颗粒被输送过程中的宏观运动情况，借助颗粒速度、平均速度、平均动能及钢丝绳平均张力的曲线分布图，研究盘式管道输送机的运行参数匹配，解决了通过现场实验获取数据的问题，为盘式管道输送机的设计提供了一种模拟仿真实验方法；为了解决设计过程中多种运行参数匹配的选择问题，应用 TOPSIS 多属性决策法评价盘式管道输送机的多种设计方案并对结果排序，得到使盘式管道输送机整机性能较优的设计方案及不同填充率下整机性能优劣的变化趋势，为满足生产要求的盘式管道输送机的多种设计方案选择提供了一种简洁、高效的评价方法和评判依据；最后通过实验数据分析，验证理论分析、离散元仿真及多属性评价的正确性，为合理设计盘式管道输送机提供了理论支撑、实验方法及整机性能判别依据。本书研究技术路线如图 1-11 所示。

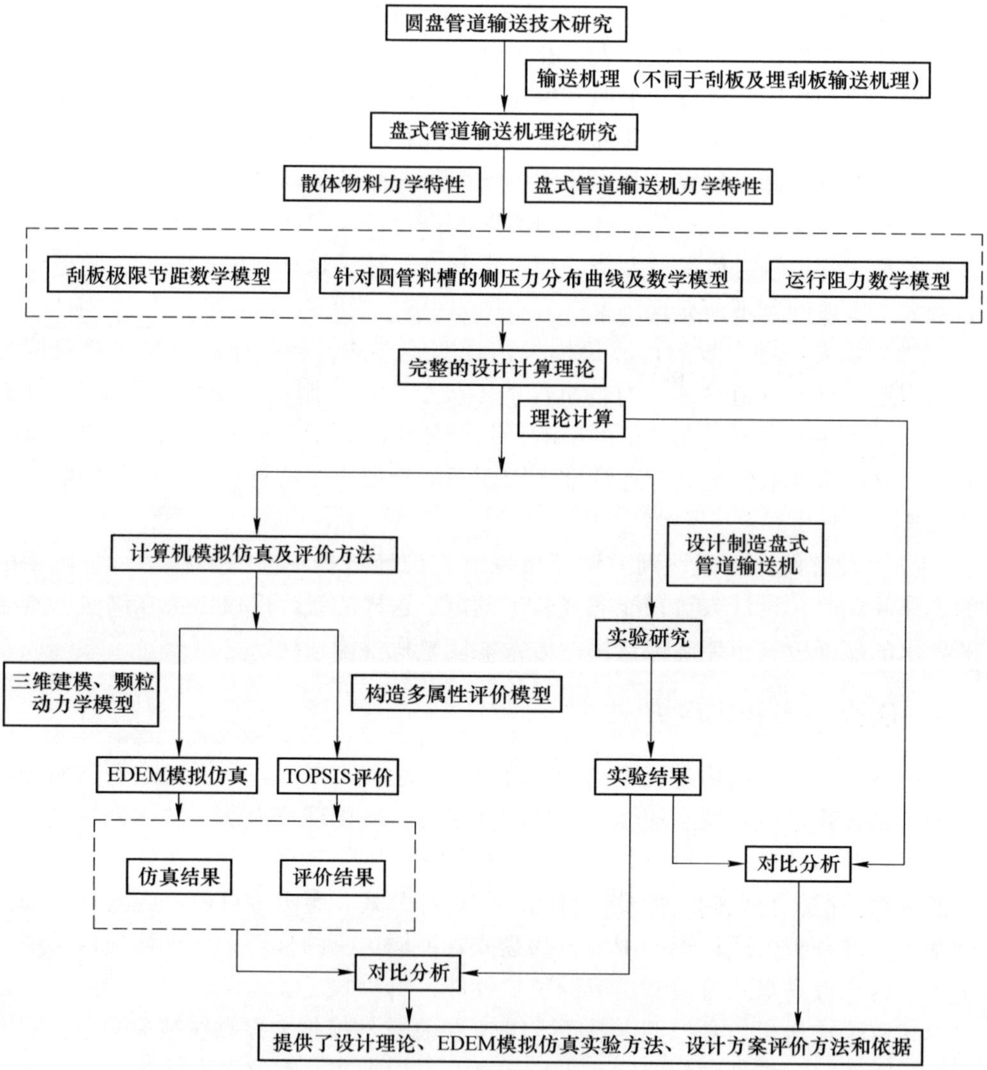

图 1-11　研究技术路线

本书的主要研究内容包括：

（1）盘式管道输送机结构及散体物料力学特性。根据盘式管道输送机刮板为圆形、料槽为圆管的特殊结构，基于散体物料在运行时的极限平衡条件，分析盘式管道输送机实际工作时刮板作用于物料的静态力及刮板作用力的传播区域，得到盘式管道输送机物料处于极限平衡时刮板极限节距计算公式；分析刮板链条动载荷产生的原因，修正了盘式管道输送机刮板链条上产生的动张力计算公式。

（2）盘式管道输送机力学性能研究。针对盘式管道输送机圆管料槽结构特点，水平输送时将物料填充率分为小于50%和大于50%两种情况，针对这两种情况以分段函数讨论侧压力的分布，并推导出了相应的侧压力计算公式，采用Matlab绘制了两种情况的侧压力曲线，该曲线呈抛物线形和U字形分布，与文献[5、6]所述的圆形分布截然不同；在力学分析的基础上分别导出了盘式管道输送机水平段、垂直段、弯曲段运行阻力的计算公式。

（3）基于EDEM盘式管道输送机仿真研究。通过理论设计计算，采用Solidworks对盘式管道输送机进行三维建模，基于EDEM离散元分析软件，通过盘式管道输送机运行参数、物料颗粒参数及两者之间的相关参数设定进行颗粒运动仿真，得到了颗粒速度、平均速度、平均动能及钢丝绳平均张力的曲线分布图。研究盘式管道输送机能耗与颗粒运行稳定性与物料填充率的关系。

（4）盘式管道输送机TOPSIS整机性能评价。基于满足生产能力的理论计算构造盘式管道输送机多属性评价模型，应用多属性决策法，分析盘式管道输送机满足一定生产要求时，不同运行参数匹配的设计方案对应的整机性能，并对结果排序，得到使盘式管道输送机整机性能较优的匹配方案及随着填充率不同整机性能优劣的变化趋势。

（5）盘式管道输送机实验研究。和某单位合作，完成盘式管道输送机实验。设计链条张力测试系统，实现不同运行参数下，盘式管道输送机运转过程中链条张力测量、运行噪声测量和电机实际输出功率测量，分析处理实验数据。通过实验结论验证理论分析、EDEM模拟仿真及TOPSIS评价方法的正确性及可行性。

1.6 研究目标

随着世界经济的快速发展，人们对能源的需求也不断增加，能源问题已然成为影响世界各国经济发展速度的战略性问题。本着我国“开发与节约并举、节约优先”的节能方针，开展盘式管道输送机的设计和研究，从而提高其整机性能并推广应用，对于促进绿色低碳经济的发展具有重要意义。盘式管道输送机造价低、输送效率高、可输送物料的种类广泛、在输送过程中物料破损率小且线路布置灵活，在未来一段时间内总发展趋势主要体现在以下几个方面：

（1）设计合理化、设备大型化，提高设备生产率，降低生产和维护成本；

（2）提高整机运行可靠性和稳定性，优化整机性能；

（3）功能拓展，实现煤炭、港口、粮食等的大运量输送，以低廉的成本投资得到更大的使用价值。

上述三点对盘式管道输送机本身设计和制造提出了较高要求，同时也对盘式管道输送机的理论研究提出了更高的要求。为了满足上述要求，要解决目前存在的诸多问题，力争做到：

（1）建立关于盘式管道输送机设计的完整理论；

（2）充分利用计算机软件技术，对盘式管道输送机输送物料的过程进行仿真研究，确定使其整机性能较优的运行参数，为盘式管道输送机的设计提供一种计算机模拟仿真实验方法；

（3）找到一种合适的数学模型作为使盘式管道输送机整机性能较优的设计方案评判依据。

总之，本书借鉴国内外研究成果，在现有资料基础上，分析得到了适合盘式管道输送机特殊结构的计算理论；应用 EDEM 离散元分析软件替代传统的力学分析软件，通过模拟仿真颗粒在输送过程中的运动情况，研究盘式管道输送机的运行参数匹配，解决了通过现场实验获取数据的问题，为盘式管道输送机的设计提供了一种模拟仿真实验方法；通过构造盘式管道输送机多属性评价模型，应用 TOPSIS 多属性决策法评价盘式管道输送机的多种设计方案并对结果排序，得到使盘式管道输送机整机性能较优的设计方案及不同填充率对应整机性能优劣的变化趋势，为盘式管道输送机的多种设计方案提供了评价方法和评判依据；在制造厂，对盘式管道输送机进行了实验研究，对盘式管道输送机的性能进行了验证，测试了链条张力、运行噪声和电机实际输出功率，结果表明实验测试结论与理论计算、EDEM 仿真和 TOPSIS 评价结论一致。通过实验，验证了理论研究、EDEM 仿真及 TOPSIS 评价方法的可行性，为今后国内盘式管道输送机的设计提供了理论基础、模拟仿真实验方法和方案评判依据并积累了数据和经验。

进入 21 世纪，作为输送线路技术的革命，高效率低成本的盘式管道输送机，会逐渐获得人们的青睐，进入一个快速发展的黄金时期。国内盘式管道输送机在粮食等输送量较大的地方还没有应用，而国外这方面已有成功的应用，随着人们对各种输送机整机性能的了解，包括国内盘式管道输送机理论研究的深入和制造水平的提高，会有更多的领域采用更为节能环保的盘式管道输送机替代其他多台或多种输送机的组合，实现物料复杂线路的单机输送。

1.7　本章小结

查阅国内外盘式管道输送机的相关资料，发现制约其发展的主要因素是缺乏一套完整的理论计算依据、快速有效的计算机仿真实验方法及影响整机性能的设计方案评价依据。国内外尽管对其做了多方面的研究，但依然存在理论研究不完善、缺乏评价依据及计算机仿真实验方法等问题。国内研究情况如下：

（1）尚没有一套完整的描述盘式管道输送机特殊结构的输送机理及理论；

（2）缺乏盘式管道输送机输送物料时物料运动情况仿真的实验方法；

（3）目前还没有关于盘式管道输送机整机性能及其设计方案的评价方法及依据。

参 考 文 献

[1] 洪育致，林良明．连续运输机［M］．北京：机械工业出版社，1982.

[2] 姚艳萍．圆盘管道刮板输送机的离散元仿真和多属性评价研究［D］．太原：太原理工大学，2015.

[3] 姚艳萍．新型节能环保输送设备圆盘管链输送机［J］．起重运输机械，2017（9）：145-148.

[4] Von Hanfstengel G. Die förderung von massengütern［J］. Berlin：Springer，1908，1.

[5] 乌索夫 K A，康秀宝．管式埋刮板输送机的结构和计算原理［J］．起重运输机械，1964（3）：22-25.

[6] Усов К А. Труды вниипт-маш［J］. ВыП，1960（8）：26-45.

[7] Krause F，Banse W，Schmolke S，et al. Beanspruchung der Rundstahlkette von Stauscheibenförderern（Rohrkettenförderer）［C］//Tagungsband Schüttguttagung. Otto-von-GuerickeUniversität Magdeburg，Institut für Förder-und Baumaschinentechnik，Stahlbau und Logistik，1997.

[8] Krause F，Banse W，Lorz S. Bewegungswiderstände und Kettenbeanspruchungen bei Stauscheibenförderern［C］//Tagungsband Schüttgutfördertechnik. Magdeburg，1997.

[9] Reschke M. Theoretische und experimentelle Untersuchungen an einem Rohrkettenförderer-Versuchsstand［D］. Otto-von-Guericke- Universität，Magdeburg，1998.

[10] Krause F，Banse W，Schmolke S，et al. Einfluß der Schüttguteigenschaften auf den Bewegungswiderstand von Stauscheibenförderern（Rohrkettenförderern）［C］// In Tagungsband zur Fachtagung Schüttgutfördertechnik. Otto-von-Guericke-Universität Magdeburg，Institut für Förder-und Baumaschinentechnik，Stahlbau und Logistik，1999.

[11] Krause F，Banse W. Der rohrkettenförderer（stauscheibenförderer）-ein universeller raumgängier förderer für viele gutarten und kürzere förderwege［C］// In 13. Breslauer Herbstschule. Otto-von-Guericke-Universität Magdeburg，Institut für Förder-und Baumaschinentechnik，Stahlbau und Logistik，2000.

[12] Katterfeld A. Einsatz von Meßtechnik und Meßdatenerfassung für experimentelle Förderversuche am Rohrkettenförderer［R］. Studienbeleg，Otto-von-Guericke-Universität，Magdeburg，2001.

[13] Schmolke S，Katterfeld A. Measurement Signals of the Chain Tractive Force from a Closed Pipe

Circuit [C]// In: Conference Proceedings MAT, Messegesellschaft Nürnberg, 2001.

[14] Katterfeld A. Untersuchungen zum einfluß von Schüttgutparametern auf den fördervorgang von rohrkettenförderern [R]. Studienbeleg Otto-von-Guericke-Universität, Magdeburg, 2001.

[15] Andre Katterfeld. Theoretische Analyse eines Berechnungsmodells von Rohrkettenförderern und experimentelle Überprüfung durch Parametervariation [D]. Otto-von-Guericke-Universität Magdeburg, Fakultät für Maschinenbau/ Lehrstuhl für Fördertechnik, 2001.

[16] Krause F, Schmolke S, Katterfeld A. Experimental Tests and Design of Tube Chain Conveyors [C]//7th International Conference on Bulk Materials, Storage, Handling & Transportation Centre for Bulk Solids & Particulate Technologies, ASBSH, 2001.

[17] Krause F, Katterfeld A. Functional analysis of tube chain conveyors [C]//4th International Conference on Conveying and Handling of Particulate Solids. Budapest, Hungary: Particle & Particle Systems Characterization, 2004 (21): 348-355.

[18] Furmanik K, Kasza P. Additional Resistances of Movement of a Scraper Pipe Conveyor [J]. Tribologia (Poland), 2010, 41: 49-62.

[19] 林镜榆. 管道链式输送机设计中的一些主要参数 [J]. 当代畜牧, 1983 (2): 15-19.

[20] 姚艳萍, 寇子明, 孟文俊. 散体物料在管道刮板输送机垂直段运行时的力学分析 [J]. 起重运输机械, 2013 (9): 34-37.

[21] Yao Yanping, Meng Wenjun, Kou Ziming. Resistance analysis for bulk materials in the vertical section of pipe scraper conveyor [J]. Proceedings of China Modern Logistics Engineering. Germany: Springer, 2015, 286: 327-335.

[22] 石树林, 栾丽君, 李效志, 等. 串连盘式管道连续输送系统基于 BP 神经网络 PID 结构控制 [J]. 机械传动, 2009, 33 (2): 23-25.

[23] 石树林. 串联盘式管道连续输送系统的力学分析及智能控制 [D]. 辽宁: 辽宁工程技术大学, 2004.

[24] 栾丽君, 陈凯, 闻梆椿, 等. 串联盘式管道连续输送机受料系统运动参数的确定 [J]. 机械传动, 2006, 30 (1): 43-44.

[25] 刘尚启, 付晓东. 串联盘式输送机自适应控制系统的研究 [J]. 矿山机械, 2011, 39 (6): 63-66.

[26] 栾丽君. 串联盘输送机动力学模型的求解 [J]. 机械传动, 2009, 33 (6): 61-62.

[27] 栾丽君, 曹娟, 刘玉刚. 串联盘输送机链轮的参数化设计及有限元分析 [J]. 煤矿机械, 2008 (4): 71-73.

[28] 栾丽君, 武威. 基于遗传算法的串联盘输送机的优化设计 [J]. 机械传动, 2010 (1): 44-45.

[29] 石树林, 栾丽君, 陈凯. 基于 FLUENT 的串联盘式管道连续输送机研究 [J]. 机械传动, 2012, 36 (2): 9-11.

[30] 栾丽君, 艳梅, 刘玉刚. 串联盘输送机输送系统的动态分析 [J]. 机械传动, 2009, 33 (5): 73-75.

[31] Yao Yanping, Kou Ziming, Meng Wenjun, et al. Overall performance evaluation of tubular

scraper conveyors using a TOPSIS-based multiattribute decision-making method [J]. Scientific World Journal, 2014 (5) .

[32] 张强. 串联盘输送机自适应控制系统的研究 [C]//第三届全国煤矿机械安全装备技术发展高层论坛, 2012.

本章发表论文：

姚艳萍. 新型节能环保输送设备圆盘管链输送机 [J]. 起重运输机械, 2017 (9): 145-148.

2 盘式管道输送机结构及散体物料力学特性

盘式管道输送机结构、功能与通用刮板输送机相似，其雏形是水车。东汉灵帝时期毕岚创造的龙骨水车（如图 2-1 所示）是我国最早的水车，这种水车主要由水槽 1、刮板 2、木链 3、链轮 4 等组成，节节木链好似根根龙骨，因此得名龙骨水车。

图 2-1　龙骨水车

2.1 盘式管道输送机结构及工作原理

盘式管道输送机是具有挠性牵引构件的输送机械，其结构如图 2-2 所示，主要由拉紧装置 1、改向装置 2、加料装置 3、链条或钢丝绳 4、固定在链条上的圆形刮板 5、密闭的料槽 6、检修孔 7、驱动装置 8 及卸料装置 9 等组成。

拉紧装置主要用来给牵引构件（链条或钢丝绳）提供初张力，以及补偿工作过程中牵引构件的伸长，常用螺杆拉紧装置。盘式管道输送机工作时通过驱动装置提供的动力，使牵引构件及固定于其上的圆形刮板构成的输送元件绕过改向装置形成无极刮板链条，物料通过加料口进入料槽中，在链条或钢丝绳牵引及刮板的推动下随刮板链条的运行一起沿圆管封闭料槽前方进行输送，然后在卸料口卸出。盘式管道输送机一侧的料槽为承载分支，另一侧为回程分支。整个圆管料槽和两个相邻刮板构成的圆柱体相当于一个个独立的容器，物料装在其中，即便物料的流动性很好、内摩擦系数很小也能输送，物料在刮板和料槽壁的约束下，只能由刮板链条所牵引并克服与料槽壁间的摩擦阻力不断向前（上）输送，直到卸料口处或在牵引构件换向（下行）之前卸下[1]。料槽上的检修孔用于观察

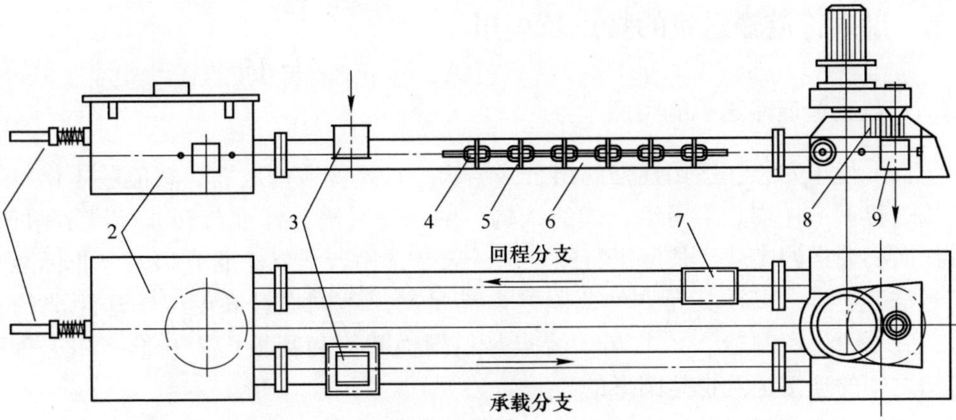

图 2-2 盘式管道输送机结构图

物料及输送元件的运行情况及刮板链条的检修。

盘式管道输送机是持续牵引方式的输送机械，与通用刮板输送机、敞开式斗式提升机相比其料槽是封闭的。盘式管道输送机物料在两刮板之间都是间断的，对于水平盘式管道输送机，一般物料横截面小于刮板料槽截面，而垂直盘式管道输送机，物料横截面等于刮板料槽截面。

盘式管道输送机通过弯管或大小不同的偏转半径轮来改变它的路径。当转弯半径大时，采用结构及工艺简单的弯管，当转弯半径较小时，采用偏转半径轮[2~4]，如图 2-3 所示。

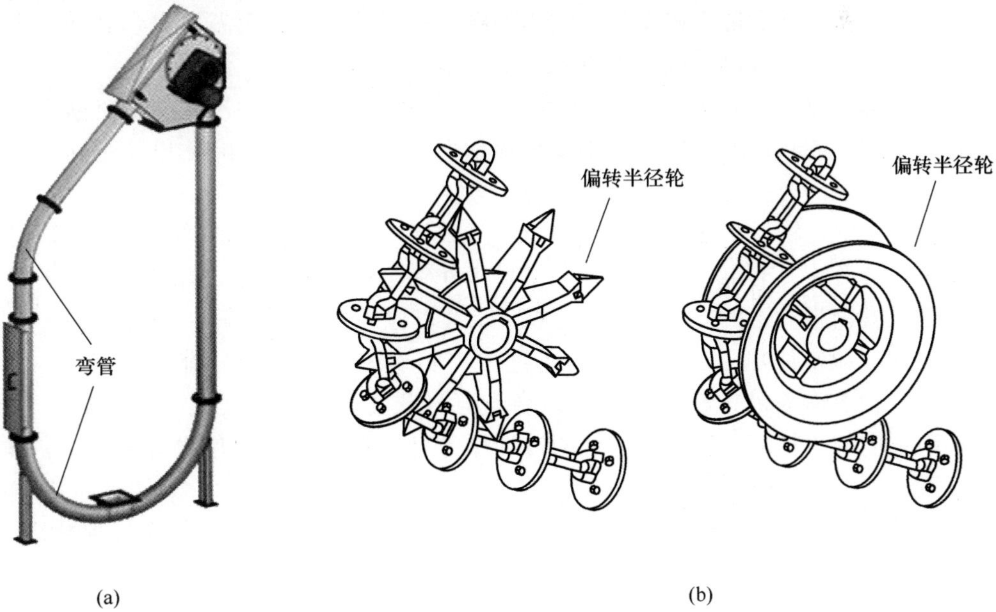

图 2-3 弯管（a）和偏转半径轮（b）

2.2　盘式管道输送机的特点及应用

2.2.1　盘式管道输送机的特点

（1）便于安装、适用性强的组合式结构。盘式管道输送机与其他散体物料连续输送机械一样均是采用组合式的结构。中间段料槽分标准节和非标准节两种，可按所要输送的高度或长度进行组合，一般是选用若干节标准节和一节非标准节通过法兰连接，以在其允许的范围之内满足用户不同提升高度或输送距离的要求，并方便生产制造[1]。其最大特点是料槽横截面和刮板均为圆形，相应每段料槽之间的连接法兰也是圆形的。

（2）转弯及整机结构设计简单。可通过弯管来改变牵引构件运行方向，并可在弯管处设置加料口，如图 2-3（a）所示。当大倾角或垂直提升散体物料时，盘式管道输送机通过牵引构件的自重自动张紧，不再需要设置拉紧装置，整机结构简单紧凑。当采用吊装式的安装方法时，还可省去支架或底座，远观仿佛是气力输送的管道一样，图 2-4（a）为气力输送管道，图 2-4（b）为盘式管道输送机。

（3）密闭输送、绿色环保。目前，粉末物料的转运，使用的输送装置大致分为机械式、流体式和容器等几种。在国内核燃料元件生产中，最为常见的有螺旋输送、气力输送和容器输送。其中，螺旋输送机局限于短距离输送；气力输送装置存在能耗高、因分离出的气体净化后直接排入大气故尾气净化处理设备多等缺点；容器输送粉末物料时，存在粉末物料外泄的可能性[5]。盘式管道输送机管路完全密闭，输送能力稳定，无粉尘飞扬，环保性能好，无需再安装其他除尘设备，符合核电元件制造技术发展的趋势[6]。

（4）综合输送性能高。盘式管道输送机结构良好，可在空间内改变输送方向，根据用户的具体环境要求，不受任何地形、角度与高度影响，设计不同的尺寸和结构，能同时完成由几台其他类型输送机共同完成的工作，如图 2-5 所示，用一台盘式管道输送机代替螺旋输送机和斗式提升机的组合实现单机输送；除可以用来输送有味、有毒、热的物料，也可以作为给料装置使用，同时可实现正反转，来改变物料输送的方向；如图 2-6 所示，可以另加辅助装置在输送过程中实现物料的冷却或加热；还可以在输送过程中实现多种物料的混合，如图 2-7 所示，盘式管道输送机物料混合输送装备包括转鼓 1，转鼓轴承 2，驱动器 3 等，工作时不同的物料从 A、B 和 C 处通过计量螺杆给料机加入到盘式管道输送机 4 中，通过刮板链条输送到转鼓 1 中，转鼓中装有桨叶 5，使物料在转鼓中充分混合，并从盘式管道输送机卸料口 D 卸出。该系统是完全封闭的，符合环保要求，且连续搅拌消除了停机时间，提高了生产力。

（5）能耗小、噪声低。刮板或刮板边缘采用聚乙烯等工程塑料，使得刮板与

(a)

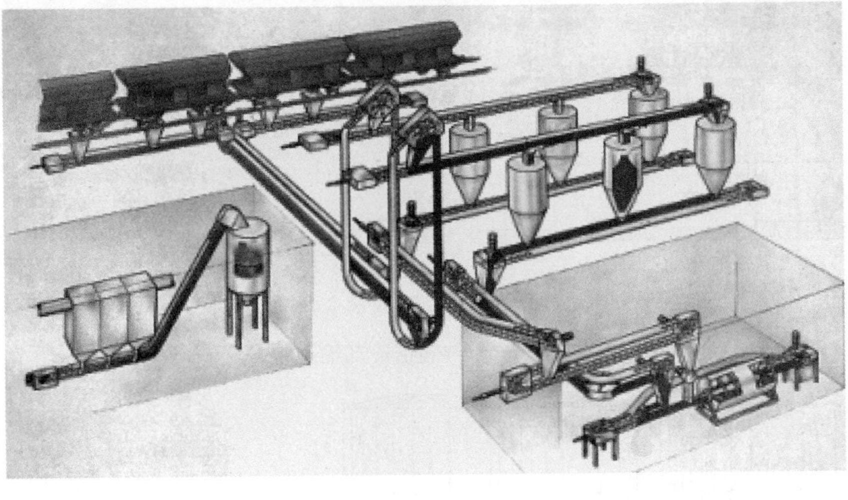

(b)

图 2-4 气力输送与盘式管道输送机

料槽壁之间为非金属摩擦，摩擦系数很小。因此，与其他输送机械相比盘式管道输送机有着更好的输送性能，可输送流动性很好、内摩擦系数很小的物料，并且刮板链条的运行速度和物料被输送的速度大体上是一致的，几乎没有滞后现象[1]。经计算比较得到，在物料输送距离和生产率相同的条件下，盘式管道输送机与带有线形刮板的输送机（线形刮板就是骨架形的刮板，骨架呈线网状，而普通的刮板一般就是块完整的板）、通用刮板输送机和螺旋输送机相比较，盘式管道输送机具有较小的能量消耗和横截面面积，其关系见表 2-1 和表 2-2。

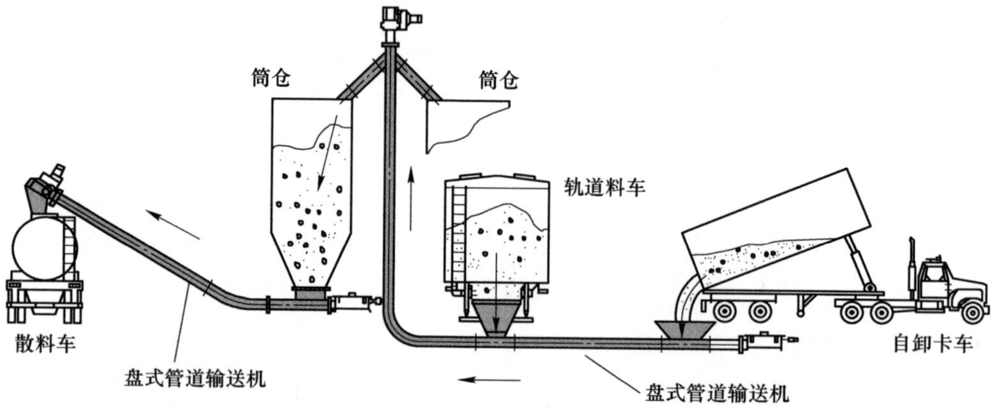

图 2-5　替代组合输送系统的单机输送

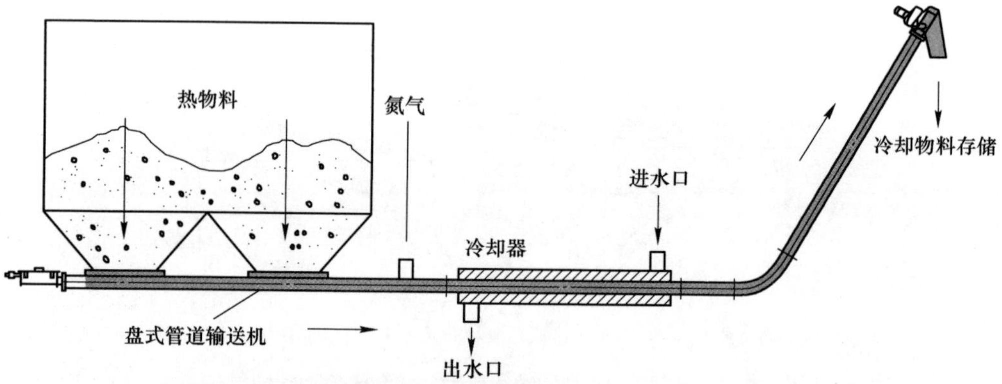

图 2-6　热料的冷却输送

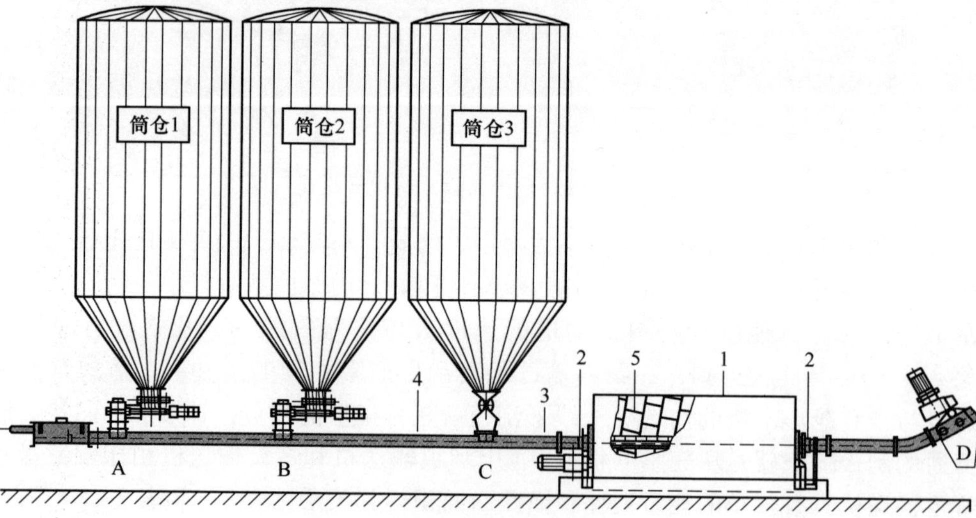

图 2-7　物料的混合输送

表 2-1 不同形式输送机的料槽横截面面积与生产率的关系[7]

形 式	生产率/t·h^{-1}								
	10	20	30	40	50	60	70	80	90
	横截面面积/m^2								
水平+垂直盘式管道输送机	0.005	0.012	0.017	0.023	0.028	0.035	0.042	0.047	0.055
水平盘式管道输送机	0.006	0.014	0.018	0.026	0.032	0.038	0.046	0.053	0.059
有线形刮板的垂直输送机	0.008	0.017	0.026	0.035	0.046	0.056	0.066	0.075	0.083
水平通用刮板输送机	0.012	0.021	0.031	0.043	0.054	0.066	0.076	0.088	0.100
水平螺旋输送机	0.063	0.12	0.18	0.264	0.303	0.37	0.42	0.495	0.534

表 2-2 生产率和运距相同条件下不同形式输送机的能量消耗比较[7]

形 式	生产率 30t/h，水平/垂直运距 10m	
	能耗/kW	
	水平布置	垂直布置
盘式管道输送机	2.2	6.5
有线形刮板的输送机	2.7	6.7
通用刮板输送机	2.2	—
螺旋输送机	6.5	8

（6）生产改建简单、方便。使用盘式管道输送机可以使生产改建而无需作大的修改，因为改善了劳动条件使得机械化效果同以前的输送机械相比要大得多。

2.2.2 盘式管道输送机的应用

盘式管道输送机在工业、农业、医药、煤化工等行业有着广泛的应用。

（1）有效解决化工行业及食品工业粉状、细粒状物料的工艺输送，抑制了粉尘的产生；

（2）用于农业生产中，粮食及自动化农药配比系统中固体农药、农药助剂等的输送，国外的应用实例如图 2-8 所示；

（3）建筑行业用于水泥、沙、石灰石粉、木屑、滑石粉等散体物料的输送；

（4）垃圾回收分类处理中，可用于输送废旧电池、玻璃瓶等小件物品；

（5）畜牧业饲养基地，实现饲料的自动上槽和粪便的自动清理，大大减轻了人员劳动强度，节省了劳动资源。

目前，盘式管道输送机的使用主要集中在 PTA、PET 等化工原料的中小型环流输送。随着其理论研究的不断完善、力学模型的建立、设计日趋合理化，使其

图 2-8　国外的应用实例

结构及性能更优，伴随着各行各业人员对各种输送方式的了解，包括国内输送设备加工水平的提升，会有更多的行业采用盘式管道输送机进行各种物料的输送。

2.3　散体物料的力学特性

盘式管道输送机的输送机理，一般是基于散体力学的理论，应用了如下几个假设：

(1) 散粒体与料槽相差非常大时，可将料槽中相邻两刮板间的散粒体看作一个单元体，故可以采用材料力学中的应力假设。

(2) 散粒体受压时，切应力与正应力的比值应小于等于散粒体的内摩擦系数，即$\frac{\tau}{\sigma} \leqslant f$。

(3) $\arctan f = \varphi$，φ 为散体物料内摩擦角。

分析散体物料，最重要的就是建立一个合理的散粒体计算模型。目前，散体力学中有两种计算模型，分别适用于连续的（整体的）和非连续的（粒状的）介质。

(1) 连续的（整体的）介质：具有抵抗拉力和剪力的能力，但不能超过介质内摩擦力和黏聚力的极限。此模型又称为黏性散粒介质。

没有黏聚力的介质称为理想散粒介质或无黏性散粒介质。该介质只有抵抗剪切力的能力。

没有内摩擦力的介质称为理想塑性散粒介质。

散粒体的内摩擦力标志着散粒体进入塑性变形，黏聚力表示散粒体的最大抵抗力，与固体的屈服极限和强度极限属于同类数值。

连续介质的模型优点是能利用微分平衡方程式，把应力看成内力强度的概念。利用关于连续性的相关假定，就可以用统一的计算模型代替各种各样的散粒体。在研究它们的应力状态时，用沿着散粒体任意断面连续分布的想象力来代替作用在散粒体单个颗粒接触点上的实际作用力。

理想散粒介质的计算模型与盘式管道输送机所输送散体物料的实际性质非常符合。因此理想散粒介质的计算模型是本书选用的最合适的模型。

（2）非连续的（粒状的）介质：由相互接触的形状规则的固体颗粒组成，能够考虑散粒体的实际颗粒组成结构，能够根据静力学原理研究单个颗粒及其总和的性质，不受连续性假定的限制。

2.3.1 侧压力系数

通常，盘式管道输送机所输送的物料都是无黏性的理想散粒介质。但是，也有很多的物料具有较小的湿度或黏性，盘式管道输送机还是能够很好地输送，这时，忽略其湿度或黏性，把它们以散粒介质的计算模型进行分析，也具有很高的精度。对于极少数湿度或黏性较大的物料，盘式管道输送机可以特殊考虑，也能够达到输送的目的，而对于大多数黏结性较大的物料，不宜采用盘式管道输送机来输送。因此，散体物料的几个主要力学性质以及后来的分析都是按理想散粒介质的模型提出的[8]。

对于不同的应力状态，散体物料的侧压力系数不是一个定值而是一个变化值。它由压力作用平面相对于主应力平面之间的夹角 β 决定。

$$n = \frac{\tan^2\beta + n_{\min}}{1 + n_{\min}\tan^2\beta}$$

或

$$n = \frac{1 + n_{\max}\tan^2\beta}{\tan^2\beta + n_{\max}} \tag{2-1}$$

$$n_{\min}n_{\max} = 1 \tag{2-2}$$

其中

$$n_{\min} = \tan^2\left(45° - \frac{\varphi}{2}\right) \tag{2-3}$$

$$n_{\max} = \tan^2\left(45° + \frac{\varphi}{2}\right) \tag{2-4}$$

式中 n——侧压力系数；

β——作用压力平面与主应力平面之间的夹角。

散体物料作用于静止的竖壁上的侧压力称为主动侧压力，此时侧压力系数 $n_z = n_{\min}$；而运动着的刮板链条作用于散体物料上的压力就称为被动侧压力，此时的侧压力系数为 $n_b = n_{\max}$。

2.3.2 散体物料的极限平衡

散体物料的极限平衡是由式（2-5）决定的。

$$\left(\frac{\tau}{\sigma}\right)_{max} = \tan\varphi = \mu \tag{2-5}$$

式中　μ——散体物料内摩擦系数。

在固体中，如果剪应力超过了一定界限，沿剪应力作用的这些平面就可能发生滑移[9]。但在散体物料中，由于其抗滑力不仅取决于黏聚力的大小，而且也取决于作用在该平面上的法向压应力的大小。如果构成某个面的散体物料的所有点都达到极限平衡状态，那么就称这个面为滑移面。散体物料的滑移面是比值$\frac{|\tau|}{\sigma}$出现最大的平面，是式（2-5）表示的平面而并非是作用剪应力绝对值最大的面。同时，滑移面对主应力作用线的倾斜角度是一定的，等于：

$$\theta_1 = \frac{\pi}{4} - \frac{\varphi}{2} \tag{2-6}$$

$$\theta_2 = \frac{\pi}{4} + \frac{\varphi}{2} \tag{2-7}$$

如图 2-9 所示，当滑移角锥体物料 ABC 在重力 F_g 作用下，滑移面是由侧向变形破坏了极限平衡而引起的，这种破坏称为主动破坏，其滑移面倾角由式（2-7）决定。

若极限平衡的破坏是由侧向施压 F_h 所产生的剪力超过散体物料的抗剪强度而形成的一个滑移面引起的，这种破坏叫做被动破坏，其滑移面倾角由式（2-6）决定。

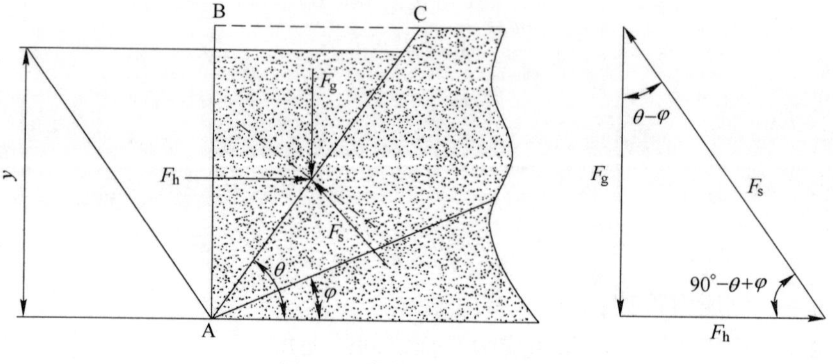

图 2-9　散体物料滑移面

2.3.3　盘式管道输送机中散体物料的极限平衡

根据散体力学和土力学的挡土墙理论，水平盘式管道输送机的刮板在输送物料时与物料之间的相互作用，同挡土墙承受被动土压力时的情形非常相似。在刮板的作用下，物料受到被动压力的作用，当刮板力使物料到达极限平衡状态时，刮板与物料间的相互作用力也达到极限状态。在水平输送过程中，物料流是这样形成的，刮板链条通过加料口，在相邻刮板之间形成平均高度为 h 的物料层，如图 2-10 所示，此物料层的速度由落下的初始速度变化至与刮板链条相同的速度 v。

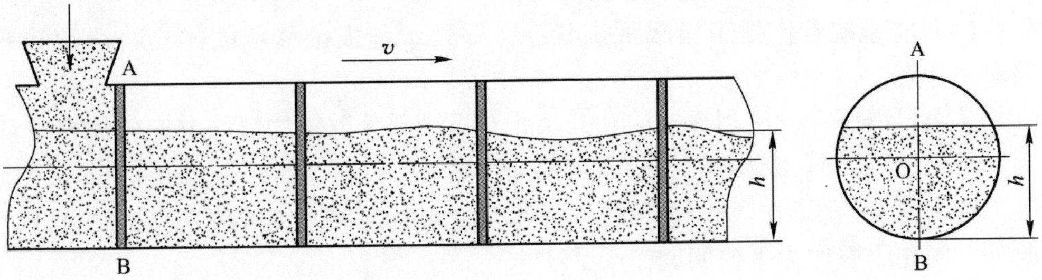

图 2-10 水平输送示意图

2.4 盘式管道输送机力学分析

2.4.1 静态分析

物料在料槽内被输送时是间断的。如图 2-10 所示，在刮板 AB 作用下，高度为 h 的物料被刮板推动向前输送。忽略刮板与料槽间的间隙，设料槽内部直径和刮板直径为 D，刮板与物料间的相互作用力即刮板作用于物料的力为 F_x，均布于刮板与散体物料接触表面，即表面积为 S_0的物料上的力为 σ_x。

$$S_0 = \frac{\pi D^2}{4} - \frac{\dfrac{\pi D^2}{4}\arccos\dfrac{D^2 - 8hD + 8h^2}{D^2}}{360} + \sqrt{hD - h^2}\left(h - \frac{D}{2}\right) \tag{2-8}$$

$$\sigma_x = \frac{F_x}{S_0} \tag{2-9}$$

由散体力学可知，当 F_x的大小达到某一极限值时，物料内产生的切应力超过其抗剪强度，使物料内产生滑移面 AC，物料断开[61]，如图 2-11 所示。通常 AC 面是一个曲面，但根据散体力学的分析，把 AC 面用平面代替后得到的结果对于实际应用也是非常精确的。此时，由于刮板链条具有一定的力，而物料又沿 AC 面断开，角柱体 ADC 沿 AC 面滑动，则物料在料槽内将被一面向前推动一面搅拌，降低了输送效率，增大了盘式管道输送机的驱动功率，降低了生产率。

令刮板直径为 D(m)，节距为 t(m)，物料容重为 γ(t/m^3)，物料内摩擦系数为 μ，内摩擦角为 φ，物料与料槽的摩擦系数为 f，摩擦角为 φ_w。

当刮板作用力 F_x超过极限值时，在物料中就会产生滑移面 AC，角柱体 ADC

有沿滑移面 AC 滑动的趋势，因此研究角柱体 ADC，并假设[10]：

（1）平面 AC 上所有的点都处于极限平衡状态；

（2）将角柱体 ADC 看作绝对刚体，作用在它上面的体积力及表面力可以用它们的合力来代替；

（3）将物料看作是丝毫没有黏性的；

（4）将系统看作处于极限平衡状态，即处于刮板位移和散体物料滑动的初始瞬间状态。

从而可以假定，从刮板方向和其余相对不动部分散体物料的方向作用在滑动角柱体上的反力与相应面的法线方向偏成角度 φ_w 和 φ。另外，由于研究的是系统破坏过程的初始瞬间，所以就可能对原来未变形状态的系统采用平衡条件[10,11]。此外，问题仍看作为平面问题。

图 2-11 所示为角柱体 ADC 的受力分析图，以 D 点为坐标原点建立坐标系，在角柱体上作用的力有：刮板作用力 F_x、滑移面上的全反力 F_s、角柱体散体物料重力 F_g、料槽对散体物料的摩擦力 F_w。

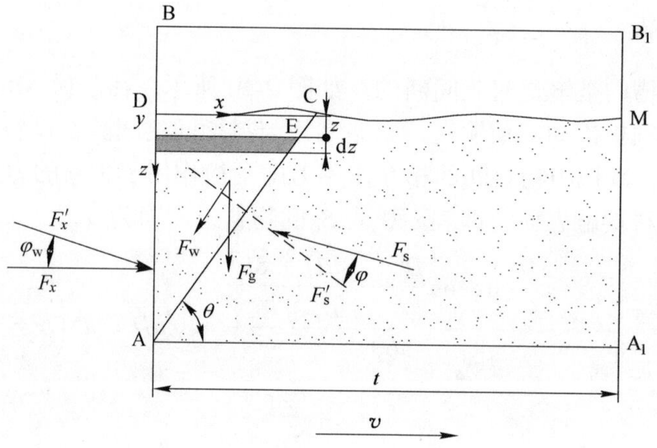

图 2-11　滑移体受力分析

2.4.1.1　AC 平面上的全反力

在 E 点取一三角形单元体，如图 2-12 所示。

$$\begin{cases}\sigma_x = z\gamma n_{\max} \\ \sigma_y = z\gamma n_{\min} \\ \sigma_z = z\gamma\end{cases} \tag{2-10}$$

式中　γ——散体物料堆积重度，N/m^3。

取斜面即 AC 平面的法向为 $\boldsymbol{n}$，则其方向余弦为：

$$\left.\begin{aligned} l &= \cos(x,\ \boldsymbol{n}) = -\cos\theta \\ m &= \cos(y,\ \boldsymbol{n}) = 0 \\ n &= \cos(z,\ \boldsymbol{n}) = -\sin\theta \end{aligned}\right\} \tag{2-11}$$

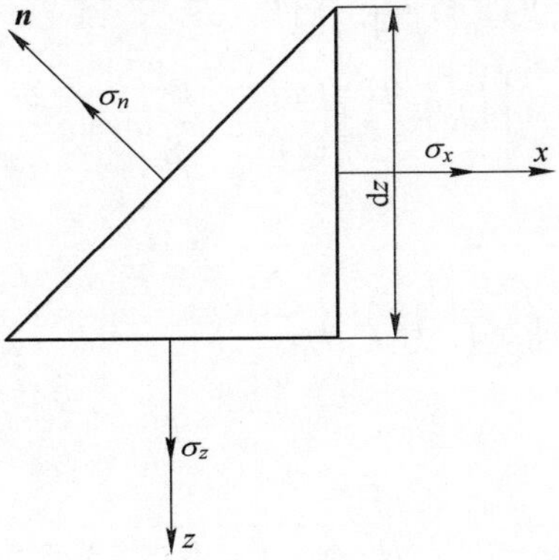

图 2-12 斜平面单元体

斜面上的应力 $\boldsymbol{\sigma}_n$ 在平行于坐标轴方向的分应力为：

$$\left.\begin{aligned} \sigma_{xn} &= \sigma_x l + \tau_{xy} m + \tau_{xz} n \\ \sigma_{yn} &= \tau_{yx} l + \sigma_y m + \tau_{yz} n \\ \sigma_{zn} &= \tau_{zx} l + \tau_{zy} m + \sigma_z n \end{aligned}\right\} \tag{2-12}$$

式中的剪应力都为零。将式（2-10）带入式（2-12）得：

$$\left.\begin{aligned} \sigma_{xn} &= \sigma_x l = -z\gamma n_{\max}\cos\theta \\ \sigma_{yn} &= \sigma_y m = 0 \\ \sigma_{zn} &= \sigma_z n = -z\gamma\sin\theta \end{aligned}\right\} \tag{2-13}$$

所以有：

$$\sigma_n = \sqrt{\sigma_{xn}^2 + \sigma_{yn}^2 + \sigma_{zn}^2} = z\gamma\cos\theta\sqrt{n_{\max}^2 + \tan^2\theta} \tag{2-14}$$

则 AC 面上受到的法向全反力 F_s' 为：

$$\begin{aligned} \mathrm{d}F_s' &= S_1 z\gamma\cos\theta\sqrt{n_{\max}^2 + \tan^2\theta} \\ &= 2\pi\sqrt{\frac{D^2}{4} - \left(h - \frac{D}{2} - z\right)^2}\, z\gamma\cos\theta\sqrt{n_{\max}^2 + \tan^2\theta}\,\frac{\mathrm{d}z}{\sin\theta} \\ &= 2\pi\sqrt{\frac{D^2}{4} - \left(h - \frac{D}{2} - z\right)^2}\, z\gamma\cot\theta\sqrt{n_{\max}^2 + \tan^2\theta}\,\mathrm{d}z \end{aligned}$$

即

$$F_s' = \int_0^h \mathrm{d}F_s'$$
$$= \int_0^h 2\pi \sqrt{\frac{D^2}{4} - \left(h - \frac{D}{2} - z\right)^2} z\gamma \cot\theta \sqrt{n_{\max}^2 + \tan^2\theta}\,\mathrm{d}z$$
$$= 2\pi\gamma\cot\theta\sqrt{n_{\max}^2 + \tan^2\theta}\int_0^h z\sqrt{\frac{D^2}{4} - \left(h - \frac{D}{2} - z\right)^2}\,\mathrm{d}z$$
$$= 2\pi\gamma\cot\theta\sqrt{n_{\max}^2 + \tan^2\theta}\cdot\left[\left(h - \frac{D}{2}\right)\left(\frac{\pi D^2}{16} + \frac{D^2}{8}\arcsin\frac{2h - D}{D} + \frac{2h - D}{4}\sqrt{hD - h^2}\right) + \frac{1}{3}(hD - h^2)^{\frac{3}{2}}\right] \tag{2-15}$$

故 AC 面上受到的被动全反力 F_s 为：

$$F_s = \frac{F_s'}{\cos\varphi}$$
$$= \frac{2\pi\gamma\cot\theta\sqrt{n_{\max}^2 + \tan^2\theta}\int_0^h z\sqrt{\frac{D^2}{4} - \left(h - \frac{D}{2} - z\right)^2}\,\mathrm{d}z}{\cos\varphi}$$
$$= \frac{2\pi\gamma\cot\theta\sqrt{n_{\max}^2 + \tan^2\theta}}{\cos\varphi}\cdot\left[\left(h - \frac{D}{2}\right)\left(\frac{\pi D^2}{16} + \frac{D^2}{8}\arcsin\frac{2h - D}{D} + \frac{2h - D}{4}\sqrt{hD - h^2}\right) + \frac{1}{3}(hD - h^2)^{\frac{3}{2}}\right] \tag{2-16}$$

式中　D——刮板直径，m。

2.4.1.2　刮板作用力 F_x

刮板作用力为：

$$F_x = F_x'/\cos\varphi_w \tag{2-17}$$

2.4.1.3　角柱体 ADC 的重力 F_g

角柱体 ADC 的重力为：

$$F_g = \frac{1}{2}S_1\gamma h\cot\theta$$
$$= \pi\sqrt{\frac{D^2}{4} - \left(h - \frac{D}{2} - z\right)^2}\frac{\mathrm{d}z}{\sin\theta}\gamma h\cot\theta$$
$$= \frac{\pi\gamma h}{\sin\theta}\cot\theta\int_0^h\sqrt{\frac{D^2}{4} - \left(h - \frac{D}{2} - z\right)^2}\,\mathrm{d}z$$

$$= \frac{\pi\gamma h}{\sin\theta}\cot\theta\left(\frac{\pi D^2}{16} + \frac{D^2}{8}\arcsin\frac{2h - D}{D} - \frac{2hD}{4}\sqrt{hD - h^2}\right) \tag{2-18}$$

2.4.1.4 料槽对角柱体 ADC 的摩擦力 F_w

假定 F_w的作用方向是与台柱体沿 AC 面的滑动方向相反的，以最小侧压力为准进行计算。

$$F_w = \int_0^h C\cot\theta z\gamma f n_{\min} \mathrm{d}z$$

$$= \int_0^h \frac{D\pi}{2}\frac{\arccos\dfrac{8\left(h - \dfrac{D}{2} - z\right)^2 - D^2}{D^2}}{180}\cot\theta z\gamma f n_{\min}\mathrm{d}z$$

$$= \frac{D\pi}{360}\cot\theta\gamma f n_{\min}\int_0^h \arccos\frac{8\left(h - \dfrac{D}{2} - z\right)^2 - D^2}{D^2} z\mathrm{d}z$$

$$= \frac{D\pi}{360}\cot\theta\gamma f n_{\min}$$

$$\left\{\frac{(2h - D)^2}{4}\arccos\frac{8h^2 - 8hD + D^2}{D^2} - \left(h - \frac{D}{2}\right)\sqrt{D^2 - 4\left(h - \frac{D}{2}\right)^2}\right.$$

$$\left. + \frac{1}{16}\left[-(8h^2 - 8hD + D^2)\arccos\frac{8h^2 - 8hD + D^2}{D^2} + \sqrt{D^4 - 8h^2 + 8hD - D^2}\right]\right\} \tag{2-19}$$

如图 2-11 所示，按极限平衡条件：

$$\sum x = 0$$

$$F_x - F_s\cos(90° - \theta - \varphi) - F_w\cos\theta = 0 \tag{2-20}$$

$$\sum z = 0$$

$$F'_x\sin\varphi_w + F_g + F_w\sin\theta - F_s\sin(90° - \theta - \varphi) = 0 \tag{2-21}$$

将式（2-17）~式（2-19）代入式（2-20）、式（2-21）中得：

$$\begin{aligned} &F_x - F_w\cos\theta = F_s\sin(\theta + \varphi) \\ &F_x - \frac{1}{3}\gamma n_{\min}\mu_w h^3\cot\theta\cos\theta = F_s\sin(\theta + \varphi) \end{aligned} \tag{2-22}$$

$$\begin{aligned} &F_x\frac{\sin\varphi_w}{\cos\varphi_w} + F_g + F_w\sin\theta = F_s\cos(\theta + \varphi) \\ &F_x\tan\varphi_w + \frac{1}{2}Dh^2\gamma\cot\theta + \frac{1}{3}\gamma n_{\min} f h^3\cot\theta = F_s\cos(\theta + \varphi) \end{aligned} \tag{2-23}$$

式（2-22）与式（2-23）相除得：

$$F_x = \frac{1}{\cot(\theta+\varphi)-f}\left\{h^3\ \frac{1}{3}\gamma nf\cot\theta\left[\cos\theta\cot(\theta+\varphi)+1\right]+\frac{1}{2}Dh^2\gamma\cot\theta\right\} \tag{2-24}$$

令

$$A_x = \frac{\frac{1}{3}\gamma nf\cot\theta\left[\cos\theta\cot(\theta+\varphi)+1\right]}{\cot(\theta+\varphi)-f} \tag{2-25}$$

$$B_x = \frac{\frac{1}{2}D\gamma\cot\theta}{\cot(\theta+\varphi)-f} \tag{2-26}$$

则有：

$$F_x = A_x h^3 + B_x h^2 \tag{2-27}$$

由于式中 F_x 是在极限平衡状态下求得的，因此它所表示的就是水平盘式管道输送机在输送过程中刮板与物料之间相互作用的最大值，这也是实际工作时刮板作用于物料的实际静态力。这是因为物料在料槽内是可流动的，刮板要输送物料却又不出现物料滑移断开的现象，则刮板作用下的物料必定是处于极限平衡状态下的。但如果刮板作用于物料上的力是瞬时的冲击力，一旦它超过式（2-27）决定的 F_x 值，物料中的滑移面就会出现。这种情况在链传动中的多边形效应影响下会发生，此刻物料在输送过程中被搅拌、翻滚，降低了输送机的输送效率。因此，式（2-27）决定了在盘式管道输送机稳定运行过程中，物料与刮板之间相互作用静态力的最大值。

2.4.2 刮板作用力的传播区域及刮板极限节距

图 2-13 所示为物料输送过程中，物料在一个节距单元 abcd 内的受力分析图，研究时取 $z = h/2$ 位置所受的平均力进行分析。

刮板 B 对 abcd 物料的作用力为：

$$\sigma_x' = \frac{1}{2}h\gamma n_{\min} \tag{2-28}$$

abcd 物料中的最大侧压力为：

$$\sigma_x'' = \frac{1}{2}h\gamma n_{\max} \tag{2-29}$$

据散体力学可知：

（1）当 $\sigma_x \leqslant \sigma_x''$ 时，σ_x 仅沿其作用方向传播，如图 2-13 所示。

（2）当 $\sigma_x > \sigma_x''$ 时，σ_x 不仅向其作用方向传播，而且还沿其横向传播，如图2-14 所示。

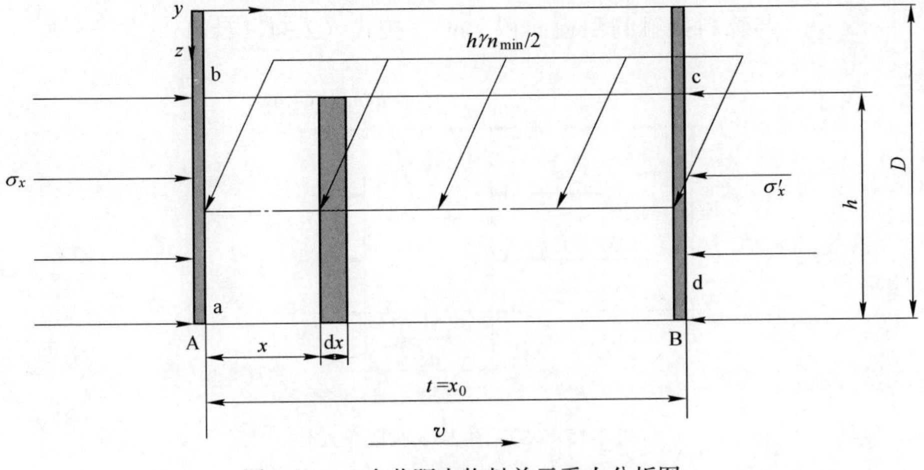

图 2-13　一个节距内物料单元受力分析图

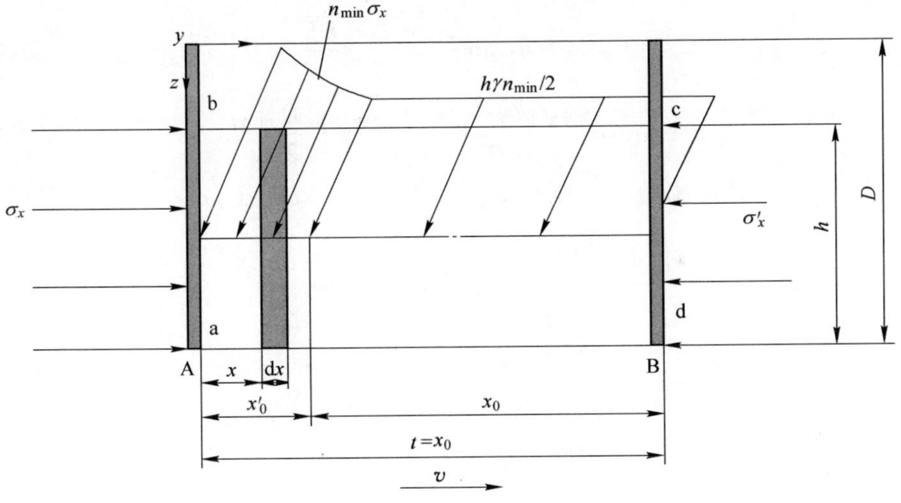

图 2-14　σ_x横向传播示意图

2.4.2.1　$\sigma_x \leqslant \sigma''_x$ 的情况

如图 2-13 所示，取单元体如图 2-15 所示，平衡微分方程为：

$$\sigma S_s - h\gamma f C_{侧} n_{\min} dx - h\gamma f C_{底} dx - (\sigma - d\sigma) S_s = 0 \tag{2-30}$$

即

$$dx = \frac{S_s}{fh\gamma n_{\min} C_{侧} + h\gamma f C_{底}} d\sigma \tag{2-31}$$

式中　$C_{侧}$——与物料接触的料槽侧壁周长，m，按式（2-32）计算；

$C_{底}$——与物料接触的料槽底部周长，m，按式（2-33）计算；

S_s——与物料接触的刮板面积，m^2，按式（2-34）计算。

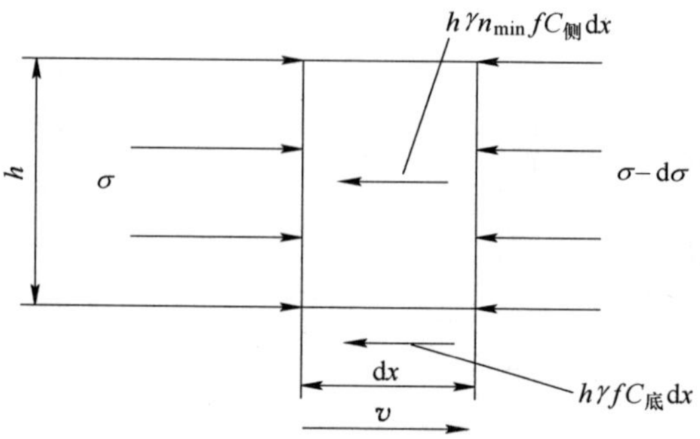

图 2-15　对应图 2-10 所取单元体

$$C_{侧} = \frac{1}{2}\pi D - D\arcsin\frac{2\sqrt{h(D-h)}}{D} \tag{2-32}$$

$$C_{底} = D\arcsin\frac{2\sqrt{h(D-h)}}{D} \tag{2-33}$$

$$S_s = \frac{D^2}{4}\left(\pi - \arcsin\frac{2\sqrt{h(D-h)}}{D}\right) + \left(h - \frac{D}{2}\right)\sqrt{h(D-h)} \tag{2-34}$$

假设 σ_x 的传播距离为 x_0，则在 $x \in [0, x_0]$ 中和 $\sigma \in [\sigma'_x, \sigma_x]$ 内定积分：

$$\int_0^{x_0} dx = \int_{\sigma'_x}^{\sigma_x} \frac{S_s}{fh\gamma n_{min} C_{侧} + h\gamma f C_{底}} d\sigma$$

则

$$x_0 = \frac{S_s}{fh\gamma n_{min} C_{侧} + h\gamma f C_{底}}(\sigma_x - \sigma'_x) \tag{2-35}$$

式中 σ_x 由式（2-9）和式（2-24）决定。

2.4.2.2　$\sigma_x > \sigma''_x$ 的情况

对应图 2-14 取单元体如图 2-16 所示，这时 σ_x 的作用范围可分为 x_0 和 x'_0 两段。在 x_0 区段内，σ_x 只沿其作用方向传播；在 x'_0 区段内，σ_x 不仅仅沿其作用方向传播，而且还向其横向传播。设其横向传播的侧压力系数仍然是 n_{min}，则 σ_x 向横向传播的侧压力为 $\sigma_x n_{min}$，有平衡微分方程式：

$$\sigma S_s - 2\sigma f C_{侧} n_{min} dx - \sigma n_{min} f C_{底} dx - (\sigma - d\sigma) S_s = 0 \tag{2-36}$$

即

$$dx = \frac{S_s}{2\sigma f n_{min} C_{侧} + \sigma f n_{min} C_{底}} d\sigma \tag{2-37}$$

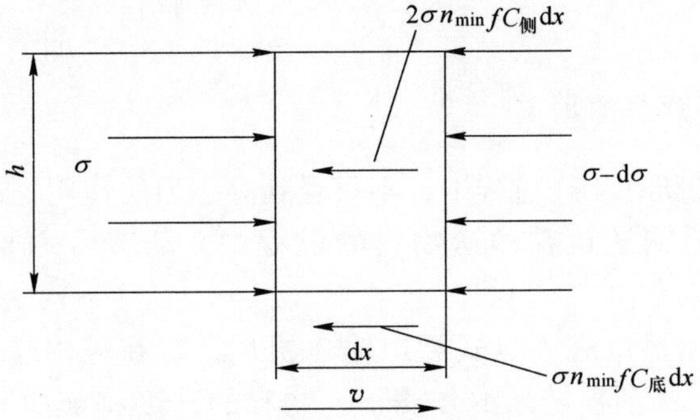

图 2-16　对应图 2-14 取得单元体

在 $x \in [0,\ x_0']$、$\sigma \in [\sigma_x'',\ \sigma_x]$ 定积分：

$$\int_0^{x_0'} dx = \frac{S_s}{2fn_{\min} C_{侧} + fn_{\min} C_{底}} \int_{\sigma_x''}^{\sigma_x} \frac{d\sigma}{\sigma} \tag{2-38}$$

$$x_0' = \frac{S_s}{2fn_{\min} C_{侧} + fn_{\min} C_{底}} \ln(\sigma_x - \sigma_x'') \tag{2-39}$$

这就是 σ_x 沿横向传播的区域的长度，因此，σ_x 的作用范围为：

$$x_0 + x_0' = \frac{S_s}{fh\gamma n_{\min} C_{侧} + h\gamma f C_{底}} (\sigma_x - \sigma_x') + \frac{S_s}{2fn_{\min} C_{侧} + fn_{\min} C_{底}} \ln(\sigma_x - \sigma_x'') \tag{2-40}$$

将式（2-32）～式（2-34）带入式（2-40）中得 σ_x 作用范围的最终表达式为：

$$x_0 + x_0' = \frac{\left[\frac{D^2}{4}\left(\pi - \arcsin\frac{2\sqrt{h(D-h)}}{D}\right) + \left(h - \frac{D}{2}\right)\sqrt{h(D-h)}\right](\sigma_x - \sigma_x')}{\frac{1}{2}\pi Dfh\gamma n_{\min} - h\gamma fD\arcsin\frac{2\sqrt{h(D-h)}}{D}(n_{\min} - 1)} + \frac{\left[\frac{D^2}{4}\left(\pi - \arcsin\frac{2\sqrt{h(D-h)}}{D}\right) + \left(h - \frac{D}{2}\right)\sqrt{h(D-h)}\right]\ln(\sigma_x - \sigma_x'')}{fn_{\min}\pi D - fn_{\min}D\arcsin\frac{2\sqrt{h(D-h)}}{D}} \tag{2-41}$$

显然刮板要输送物料，必有 $\sigma_x > \sigma_x''$，所以在盘式管道输送机中，刮板作用于物料的作用力 F_x 的传播范围由式（2-41）限制。

假设 t_1 为刮板节距 t 的一个极限值，则有：

$$t_1 = x_0 + x_0' \tag{2-42}$$

2.4.3　动态分析

2.4.3.1　动态力产生原因

盘式管道输送机在工作过程中，不仅受到静态力的作用，还受到动态力的作用。水平盘式管道输送机在输送物料的过程中，动态力主要产生于以下几个方面：

（1）物料在加料口进入盘式管道输送机后，它在被输送方向的速度不大，几乎为零，之后，在刮板链条的作用下，物料的速度将被加速至刮板链条的速度，在此期间，刮板链条将受到动力作用；

（2）盘式管道输送机当以链条作为牵引构件时，在链传动过程中由于啮合将产生多边形效应，同时在刮板链条中引起速度和加速度的变化，加速度的变化引起了刮板链条中的动载荷。

关于设备正常起、制动及设备出现故障时带载启动的动载荷影响，有关文献已有详细的研究。

2.4.3.2　链条传动类型

盘式管道输送机（即链式输送机）的牵引力是采用牵引链条与链轮的啮合来传递的。这种传动不同于皮带传动也不同于齿轮与齿条的啮合传动。皮带传动时靠摩擦力传递，而齿轮与齿条是两个刚性杆件的啮合且只有一对齿啮合传递牵引力。链轮与链条的啮合传动是一个刚性构件与一个挠性杆件的啮合，且同时有几个齿啮合传递牵引力。

A　链条传动类型

链传动分普通啮合传动与特殊啮合传动，主要是由链轮与链条的节距大小关系来决定的，图 2-17 为链轮与链条的节距大小关系示意图。

a　普通啮合传动（$t_{条} > t_{轮}$时）

特点：

（1）因为 $t_{条} > t_{轮}$，所以链条能自由地绕入和从链轮中脱开，磨损小。

（2）同时有几个齿传递牵引力，其传递力之大小成几何级数递减，一般工程上取第一齿所传递的力为总牵引力的 75%。

（3）使用中链条节距 $t_{条}$ 磨损后伸长，但是啮合特性不变，只不过是节圆尺寸加大，当链条节距增大到某一值后，就将发生脱链。

其啮合节距按下式计算：

$$t_{轮} = t_{条} - \lambda \Delta t_n \tag{2-43}$$

式中　λ——备用系数，一般取 = 1.4 ~ 2，链轮节距小、精度高时取小值，链轮节距大、精度低时取大值；

Δt_n——名义节距的最大原始负偏差，mm，一般取 Δt_n = （0.0025 ~0.008）$t_{条}$。

举例：当 $t_{条}$ = 100mm 时，$t_{轮}$ = 100 − 1.4 × 0.0025 × 100 = 99.65mm。$t_{轮}$ 的推荐值见表 2-3。

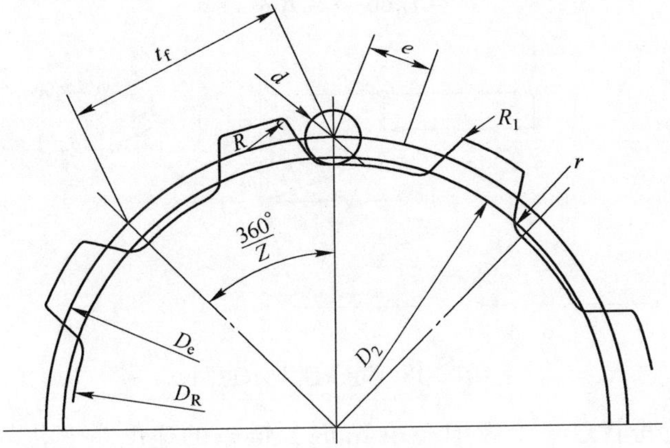

图 2-17　$t_{条}$和 $t_{轮}$示意图

表 2-3　$t_{轮}$的推荐值　　　　（mm）

$t_{条}$	λ	Z						
		6	7	8	9	10	11	12
		Δt_n						
		0.008$t_{条}$	0.007$t_{条}$	0.0065$t_{条}$	0.005$t_{条}$	0.004$t_{条}$	0.003$t_{条}$	0.0025$t_{条}$
100	1.5	98.80	98.95	99.10	99.25	99.40	99.50	99.62
125	1.6	123.40	123.60	123.80	124.00	124.20	124.40	124.50
160	1.7	157.82	158.10	158.37	158.64	158.91	159.18	159.32
200	1.8	197.12	197.48	197.84	198.20	198.20	198.92	199.10

b　特殊啮合（$t_{条} < t_{轮}$时）

特点：

（1）开始绕入时不啮合，刚脱开时才啮合，只有一点传递力。

（2）啮合时，在啮谷中有滑动，故磨损较大。

（3）链条节距增大后，变为普通啮合。

B　链条传动动力学

a　链条速度

当链条与链轮啮合时，如图 2-18 所示，链轮以等角度 ω 旋转，其圆周速度为：

$$v_0 = R\omega = 常数$$

牵引链条作平移速度为：

$$v' = v\cos\varphi = R\omega\cos\varphi$$

而牵引链条作平动（平移移动），其速度为：

$$v' = v_0\cos\varphi = R\omega\cos\varphi$$

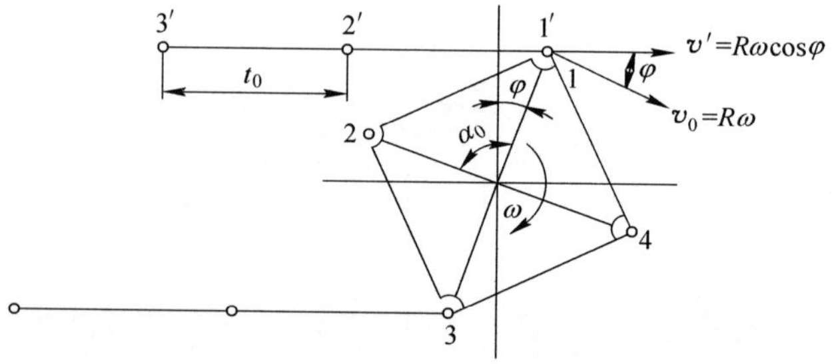

图 2-18　链条速度示意图

因此，链轮每转过一个齿中心角 α_0时，链条的速度是变化的，其规律是按余弦曲线变化的，如图 2-19 所示。

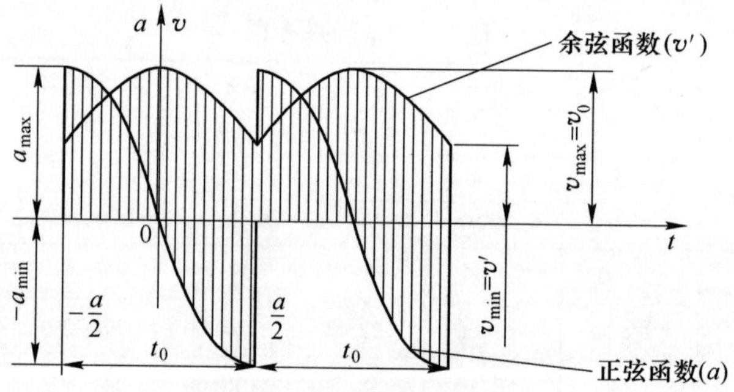

图 2-19　链条速度变化曲线

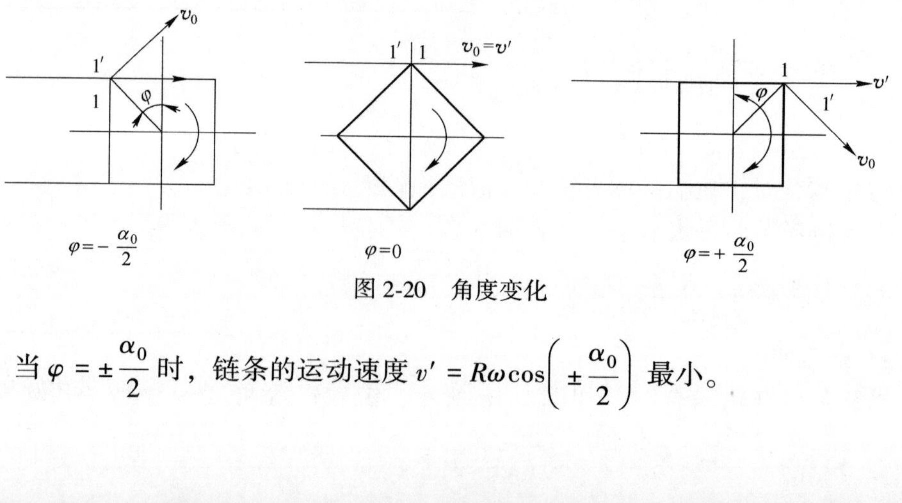

图 2-20　角度变化

当 $\varphi = \pm\dfrac{\alpha_0}{2}$ 时，链条的运动速度 $v' = R\omega\cos\left(\pm\dfrac{\alpha_0}{2}\right)$ 最小。

当 $\varphi=0$ 时，链条的运动速度 $v'=R\omega$ 最大。

由于链条速度不均匀，产生加速度，导致在运动过程中必然产生动力载荷。

b 链条加速度

$$a=\frac{\mathrm{d}v}{\mathrm{d}t}=\frac{\mathrm{d}R\omega\cos\varphi}{\mathrm{d}t}=-R\omega^2\sin\varphi$$

当 $\varphi=0$，$a_{\min}=0$；

当 $\varphi=\pm\dfrac{\alpha_0}{2}$ 时，$a_{\max}=\pm\left|R\omega^2\sin\dfrac{\alpha_0}{2}\right|$。

显然加速度变化规律为正弦曲线。

2.4.3.3 链传动时的动载荷

由加速度变化曲线可知，链条加速度是由 $-a_{\max}$ 突增到 $+a_{\max}$（轮齿与下个链节啮合时），其绝对值为 $2a_{\max}$，则惯性力为 $2ma_{\max}$，其效应为静载荷慢慢加载时的2倍，故计算动载荷为 $2\times2m_c a_{\max}=4m_c a_{\max}$。除此之外尚有 $m_c a_{\max}$ 作用于此链节（下一个链节）上，其方向与运动方向相反，故盘式管道输送机在稳定运行时刮板链条上产生的动张力为：

$$F_{\mathrm{hd1}}=3m_c a_{\max} \tag{2-44}$$

式中 m_c——盘式管道输送机的折算重量，kg；

$a_{\max}$——输送机刮板链条的瞬时最大加速度，m/s²。

通常，盘式管道输送机的折算重量计算公式为：

$$m_c=(c_1 q_{SC}+q_B)L \tag{2-45}$$

式中 q_B——输送机单位长度上的重量，kg/m；

L——输送机的长度，m；

c_1——刮板链条参与动载荷的系数。

当输送机的长度 L 较短时，刮板链条可以看成是绝对刚性的，但是，由于链条本身的弹性，在各铰结点之间的垂度和间隙，以及弹性张紧的作用等，使加速度不可能在瞬间传递到刮板链条的所有部分上去，因此，刮板链条越长，上述影响也就越大，故 c_1 值随 L 的增大而减小（见表2-4）。

表2-4 c_1 与 L 的关系

L/m	c_1
<25	2.0
26~60	1.5
>60	1.0

这是一个近似计算公式，因为链条本身是一个弹性体，链条的动张力应按弹

性体振动问题来考虑。

由理论力学可知：弹性体受到周期性变化的激振力时将发生强迫振动。如果强迫振动的频率与该弹性体自由振动的频率相等时将产生共振。这时弹性体将受到很大的动张力。激振力的频率与链轮的角速度及链轮的齿数有关。根据弹性振动理论分析，链式输送机的共振速度为：

$$v_k = \frac{iat}{4L} \tag{2-46}$$

式中 i——正整数，$i=1, 2, 3, \cdots$；

t——链条节距，m；

L——链式输送机长度，m；

a——弹性波在链条内的传播速度，m/s。

对于无载分支，弹性波的传播速度为：

$$a_{无} = \sqrt{\frac{E_0 g}{q_{SC}}} \tag{2-47}$$

对于有载分支，弹性波的传播速度为：

$$a_{有} = \sqrt{\frac{E_0 g}{q_{SC} + cq_{牵}}} \tag{2-48}$$

式中 E_0——整个链条的弹性模数，$E_0 = 1.77 \times 10^6$kg；

q_{SC}——货物线载荷，kg/m；

$q_{牵}$——牵引构件线载荷，kg/m；

c——考虑货物影响的附加系数，一般取 $c=0.4$。

由于弹性波在两区段中的链传播速度不同，计算时取其平均值：

$$a = \frac{2a_{无}\,a_{有}}{a_{无} + a_{有}} \tag{2-49}$$

根据上述理论分析和试验资料分析，当链式输送机的速度提高以后，只要是不与共振速度相同，那么链条动张力值不是增加，而是降低很多，所以新型链式输送机如盘式管道输送机的速度都较以前有所提高，其值为 0.6～1.0m/s 的范围。这对增加输送机的输送能力和减小输送机尺寸有很大的影响。

一般认为，由于弹性的影响，链条中会产生有振动特性的振动载荷，它以弹性波的形式传播，但是，刮板链条的有载分支是在物料中，也就是说，链条的振动是处于过阻尼之中的。因此，可以认为此时它已经不是在振动了，而是随着时间的推移慢慢地回到静平衡位置，呈现的是非周期的运动，因此可以不必考虑链条振动引起的动载荷了。

再者，当刮板链条与链轮每次进入啮合时，加速度变化使刮板与物料之间的作用力瞬间将会增大突变，这样，物料中处于极限平衡状态的滑移面就会产生活动，即物料没有全部参与链条啮合所引起的动载荷的作用，所以，有必要引入一个物料参与链条不均匀的程度系数 c_2，使式（2-45）变为：

$$m_c = (c_1 q_{链} + c_2 q_{物})L \tag{2-50}$$

系数 c_2 可按下列方法求得：

如前文所述，当刮板链条中有加速度突变时，刮板作用于物料使物料中的极限平衡状态受到破坏，在物料中产生滑移面。这就是说，随着刮板链条中加速度的突变，刮板就会使图 2-11 中的滑移体 ADC 沿滑移面 AC 产生滑移，然后刮板又回到其平衡位置。物料恢复极限平衡状态，如此重复进行，存在于输送物料的整个过程中。因此，可以假定滑移体 ADC 参与了动载荷作用。由图 2-11 可以得到盘式管道输送机的 c_2 为滑移体 ACD 的重量与单元物料体 AA_1MD 重量之比值。

此时，按式（2-51）计算动载荷：

$$F_{hd1} = 3(c_1 q_{链} + c_2 q_{物})La_{max} \tag{2-51}$$

2.4.4 链环受力分析

盘式管道输送机一般采用圆环链，链条在运行过程中由于动张力的作用，链环受到拉力及弯矩的组合作用，使得链环受力时的宏观变形犹如爬行的毛毛虫，链环与头轮啮合的瞬间动张力增大链环伸长，当啮合过后动张力减小链环又缩回去，故链环在运行中总是处于“伸—缩—伸”的变形过程。

链环是一个三次超静定结构，由于结构和载荷具有两个对称轴，如图 2-21（a）所示，故可以只取 1/4 结构来分析，计算简图如图 2-21（b）所示，仅为一次超静定。取其基本结构如图 2-21（c）所示，多余未知力为弯矩 X_1[12]。

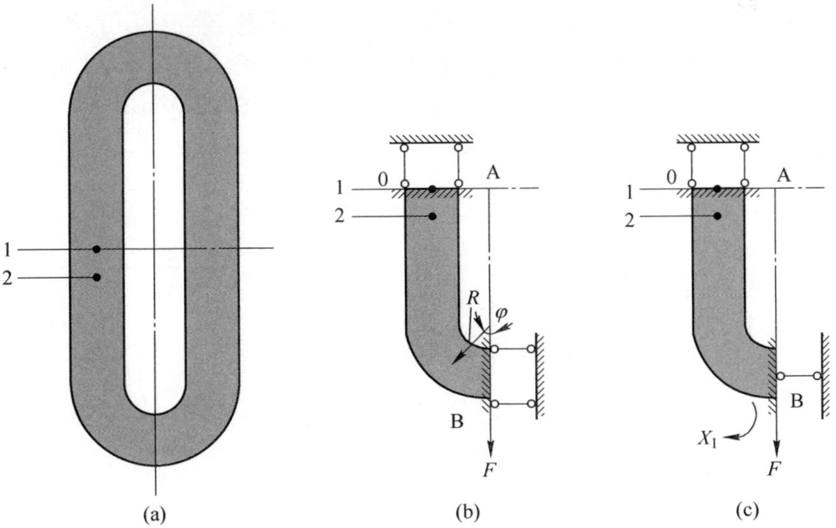

图 2-21 测试链环示意图

取极坐标系，单位弯矩和载荷弯矩分别为：

$$\overline{M}_1 = 1 \tag{2-52}$$

$$M_p = \frac{Fh}{2} + \frac{FR}{2}\sin\varphi \tag{2-53}$$

计算位移时略去主轴力、剪力及曲率影响只计弯矩一项，则系数和自由项为：

$$\delta_{11} = \int \frac{\overline{M}_1^2 ds}{EI} = \frac{1}{EI}\left(\int_0^{\frac{\pi}{2}} R d\varphi + l\right) = \frac{1}{2EI}(\pi R + l) \tag{2-54}$$

$$\Delta_{1p} = \int \frac{\overline{M}_1 M_p ds}{EI} = \frac{1}{EI}\left(\int_0^{\frac{\pi}{2}} \frac{FR}{2} R\sin\varphi d\varphi + \frac{Fh}{2} l\right) = \frac{F(R^2 + hl)}{2EI} \tag{2-55}$$

于是得：

$$X_1 = -\frac{\Delta_{1p}}{\delta_{11}} = \frac{F(R^2 + hl)}{\pi R + l} \tag{2-56}$$

最后弯矩为：

$$M' = \overline{M}_1 X_1 + M_p = F\left(\frac{R^2 + hl}{\pi R + l} + \frac{h}{2} + \frac{R\sin\varphi}{2}\right) \tag{2-57}$$

在图 2-21 中假如 1 和 2 点的位置和应变可知，则可通过以下分析获得链环的弯应变和拉应变，从而确定链环所受的拉力和弯矩大小。

如图 2-21 所示，取 1 位于节距中点处，2 位于距 B 端 9/14 节距处。取图 2-21（b）1 为端点并将其固定，将所示研究对象简化为悬臂梁结构[13]。被测链环同时受拉力和弯矩的联合作用，下面分析悬臂梁在拉弯组合作用下的变形，其受力如图 2-22 所示。利用力的平移原理，将拉力 F 平移到杆件中心线上，此时产生一个附加弯矩 M，在弯矩作用下杆件发生弯曲变形，如图 2-23 所示。由于 1 和 2 处的应变为拉应变和弯应变的组合，为了研究链条所受的拉力，首先要求出拉应变[14]。

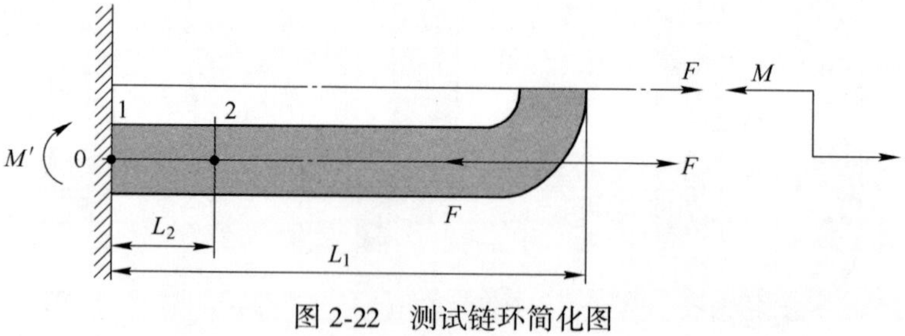

图 2-22　测试链环简化图

$$\varepsilon_1 = \varepsilon_F + \varepsilon_{M1} \tag{2-58}$$

$$\varepsilon_2 = \varepsilon_F + \varepsilon_{M2} \tag{2-59}$$

由式（2-58）减式（2-59）得：

$$\varepsilon_1 - \varepsilon_2 = \varepsilon_{M1} - \varepsilon_{M2} \tag{2-60}$$

$$\varepsilon_{M1} = \frac{y}{\rho} \tag{2-61}$$

$$\theta_A = \frac{(M + M')L_1}{EI} \tag{2-62}$$

$$\rho = \frac{L_1}{2\sin\theta_A} \tag{2-63}$$

将式（2-62）带入式（2-63）得：

$$\rho = \frac{L_1}{2\sin\dfrac{(M + M')L_1}{EI}} \tag{2-64}$$

将式（2-64）带入式（2-61）得：

$$\varepsilon_{M1} = \frac{2y}{L_1}\sin\frac{(M + M')L_1}{EI} \tag{2-65}$$

如图 2-23 所示，1 点和 2 点处对应的挠度为：

$$w_1 = \frac{(M + M')L_1^2}{2EI} \tag{2-66}$$

$$w_2 = \frac{(M + M')L_2^2}{2EI} \tag{2-67}$$

由于 $\dfrac{w_1}{w_2} = \dfrac{L_1}{L_2}$，将其带入式（2-66）或式（2-67）中得：

$$\frac{M_2}{M + M'} = \frac{L_1}{L_2} \tag{2-68}$$

将式（2-65）和式（2-68）带入式（2-60）得：

$$\varepsilon_1 - \varepsilon_2 = \frac{2y}{L_1}\sin\frac{(M + M')L_1}{EI} - \frac{y(M + M')L_1}{L_2 EI} \tag{2-69}$$

式中　ε_1，ε_2——分别为 1 和 2 处的应变，με；

ε_F——由拉力产生的应变，με；

ε_{M1}，ε_{M2}——分别为 1 和 2 处由弯矩产生的应变，με；

y——悬臂梁边缘距中性层的距离，m，y = 0.01375m；

ρ——中性层的曲率半径，m；

θ_A——端截面转角，(°)；

EI——梁的抗弯刚度，N/m^2，EI = 5893N/m^2；

w_1，w_2——分别为梁上 1 和 2 接触面处的挠度；

L_1，L_2——分别为应变片 1 和 2 在链条上的位置，m，L_1 = 0.0735m，L_2 = 0.021m。

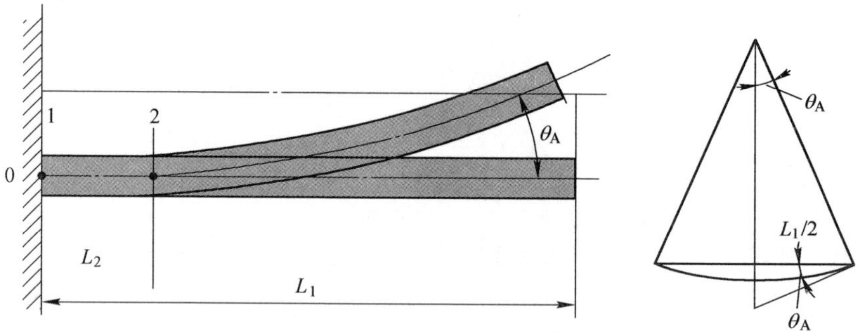

图 2-23　悬臂梁的拉弯变形及端截面转角

如果测得链环不同位置的应变值，通过求解超越方程（2-69），即可获得链条所受拉应变及弯应变，得到链环所受的拉力及弯矩。

2.5　本章小结

（1）根据散体物料极限平衡条件，推导出了水平盘式管道输送机在输送物料过程中，物料处于极限平衡状态时，刮板与物料间的相互作用力最大值。

（2）通过分析刮板作用力的传播区域，给出了物料极限平衡状态时刮板的极限间距。

（3）分析了动载荷产生的原因，给出了物料参与链条啮合所引起的动载荷作用时的不均匀程度系数，修正了刮板链条动张力计算公式。

（4）分析了链环的受力和运行特征，给出了链环拉、弯应变的计算公式。

参 考 文 献

[1] 余汪洋．一种钢丝绳圆槽输送机［J］．矿山机械，2005：60-61.

[2] Hermann W. Beitrag zur optimierten auslegung senkrechter trogkettenförderer［J］. VDI Verlag，Fortschritts-Berichte VDI-Reihe，1994，13：44.

[3] Sailer M. Beitrag zur berechnung und optimierung senkrechter trogkettenförderer［J］. VDI Verlag，Fortschritts-Berichte VDI-Reihe 13，1987，30.

[4] Wehking K-H. Untersuchung zur optimierung von horizontal arbeitenden trogkettenförderern［D］. Dortmund：Universität Dortmund，1986.

[5] 管链输送机在核燃料元件制造中的应用研究［EB/OL］. http：//www. docin. com/p-

699970673. html，1673-9671-（2013）012-0140-01.
[6] 核工业第五研究设计院．管链输送机模拟物料试验报告［R］．内部资料，2007.
[7] 孙哲．运搬工学［J］．译文，1961（9）：590-597.
[8] 黄松元．散体力学［M］．北京：机械工业出版社，2000：10-60.
[9] 周宏伟．颗粒阻尼及其控制的研究与应用［D］．南京：南京航空航天大学，2008.
[10] 孟文俊，黄松元，王鹰．水平型大运量埋刮板输送机的实验研究［J］．太原科技大学学报，1992（4）：16-29.
[11] 韩刚，万小金．深槽角带式输送机增大倾角的机理分析［J］．起重运输机械，2006（5）：15-17.
[12] 李廉锟．结构力学［M］．4版．北京：高等教育出版社，2004.
[13] 刘鸿文．材料力学［M］．4版．北京：高等教育出版社，2005.
[14] 姬清华，连黎明．复杂受力情况下应力应变测试分析［J］．平原大学学报，2007，24（3）：115-116.

3 盘式管道输送机力学性能研究

盘式管道输送机作为替代传统的螺旋输送机、斗式提升机等组合输送线路的一种既环保又经济的新型输送设备，可以实现粉末状物料、颗粒状物料及小件物品的输送，在国外各行各业已有较广泛的应用，用其形成环流输送已有近 20 年的历史。

尽管盘式管道输送机具有线路布置灵活、密闭输送、能耗低等如此广泛的优势和多功能性用途，但由于没有成型的理论研究及计算依据，缺乏设计标准和尺寸选用原则，从而导致该输送机设计不合理，进而使驱动功率增大、总体效率降低、整机成本增加。

3.1 理论基础

盘式管道输送机在结构和功能上与刮板输送机相似，均是由链条牵引，物料在刮板的推动下以料槽作为承载件进行的输送。所不同的是：

（1）盘式管道输送机的刮板是圆盘的，可采用聚乙烯等非金属材料制作；

（2）盘式管道输送机的料槽是圆管；

（3）刮板输送机链条与料槽发生摩擦，要求链条及料槽耐磨损，盘式管道输送机链条不会与料槽发生磨损，所以对链条的耐磨性要求相对降低，同时采用非金属刮板，把刮板链条和料槽间的金属摩擦转换成了金属与非金属刮板的摩擦，使得噪声和功率消耗降低；

（4）盘式管道输送机靠偏转半径轮能实现小半径转弯；

（5）盘式管道输送机能实现空间线路布置。

由于这些差异，许多关于槽式输送机的理论研究如文献［1］等仅有很少一部分能被盘式管道输送机借鉴。

3.1.1 质量输送量和体积输送量

输送量是指输送机单位时间内输送物料的体积或质量。输送量有设计输送量和理论输送量，设计输送量是指工程设计要求输送机单位时间内输送物料的体积或质量；理论输送量是指输送机在最大允许装载量时单位时间内输送物料的理论体积或质量。盘式管道输送机的质量输送量（单位为 t/h）和体积输送量（单位为 m^3/h）按式（3-4）和式（3-5）计算。

考虑刮板链条本身体积，盘式管道输送机料槽实际装载物料容积与料槽理想容积之比，称为容积效率 η_V 。

$$\eta_V = \frac{V - V_{SC}}{V} \tag{3-1}$$

式中 η_V ——容积效率；

V——盘式管道输送机料槽理想容积，m^3；

V_{SC}——盘式管道输送机牵引构件体积，m^3。

理论体积输送量 I_{Vth} 为：

$$I_{Vth} = \eta_V S v_c \tag{3-2}$$

式中 I_{Vth} ——理论体积输送量，m^3/h；

S——盘式管道输送机料槽横截面积，m^2；

v_c——链条速度，m/s。

输送过程中散体物料的实际体积可以通过输送效率 η_i 来反映，η_i 与输送机路径、输送机性能、散体物料属性（如流动性、粒度等）有关。因此，实际体积输送量可由式（3-3）、式（3-4）表示。

体积输送量 I_V 为

$$I_V = \eta_i I_{Vth} \tag{3-3}$$

$$S = \frac{\pi D^2}{4}$$

$$I_V = \eta_i \eta_V S v_c = \eta_i \eta_V \frac{\pi D^2}{4} v_c \tag{3-4}$$

质量输送量 I_m 为：

$$I_m = I_V \rho' = \eta_i \eta_V S v_c \rho' = \eta_i \eta_V \frac{\pi D^2}{4} v_c \rho' \tag{3-5}$$

式中 ρ'——散体物料密度，kg/m^3。

3.1.2 运行阻力描述

要计算盘式管道输送机链条的张力及驱动功率，就必须计算其运行阻力。刮板链条及散体物料的运行均要克服运行阻力，克服运行阻力的牵引力由驱动装置提供，当承载分支和回程分支近似平行布置时，刮板链条自重在承载分支和回程分支的运行阻力近似相互抵消。

所研究的盘式管道输送机运行阻力与线路布置有关，因此根据不同的线路布置，如图 3-1 所示情况，将其运行阻力分为以下几部分：

（1）水平路径运行阻力；

（2）微倾斜路径（$\beta<25°$）运行阻力；

（3）大倾角路径（25°<β<90°）运行阻力；

（4）垂直路径运行阻力；

（5）曲线路径运行阻力（大挠度、小挠度转弯、驱动处）。

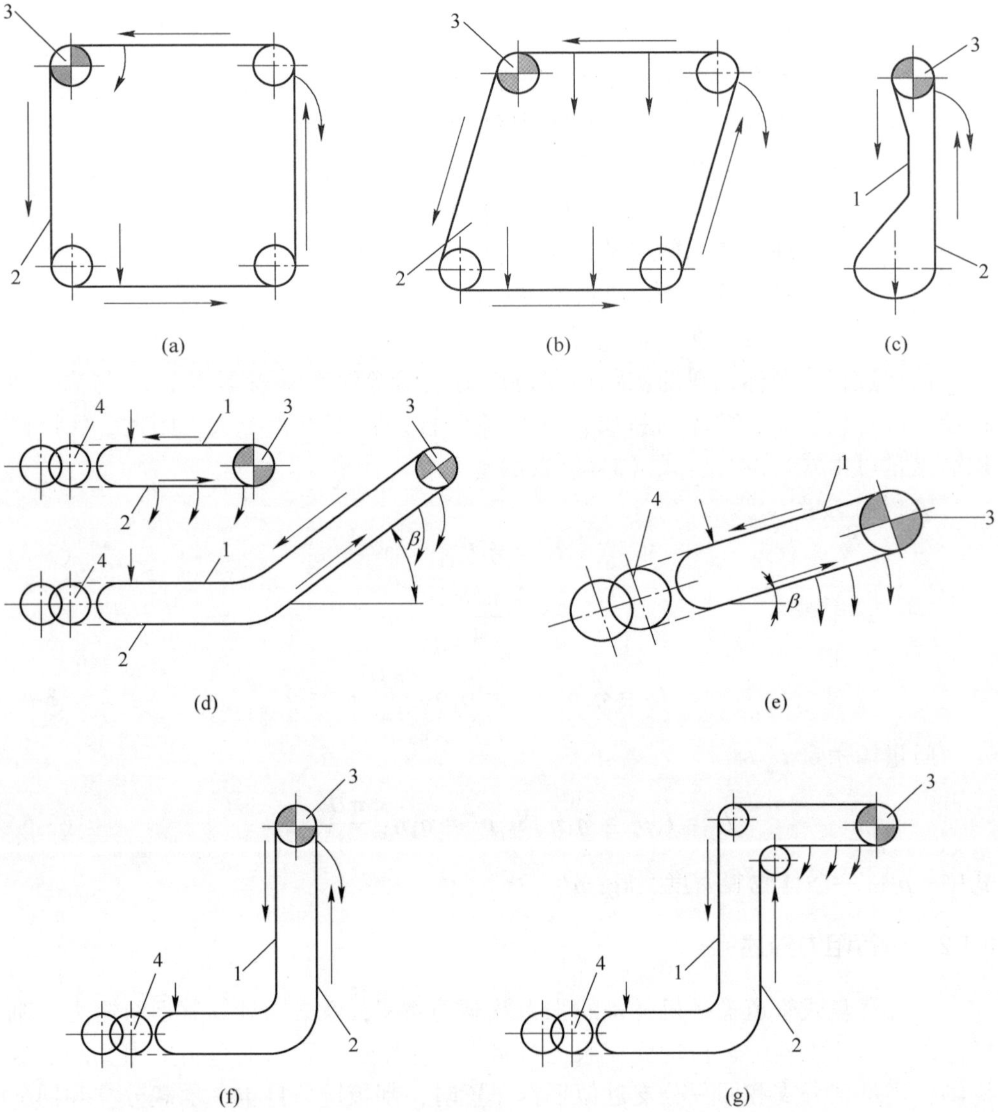

图 3-1　盘式管道输送机线路布置

（a）立面循环型（TCCLS）；（b）平面循环型（TCCPS）；（c）扣环型（TCCK）；

（d）水平型（TCCS）；（e）倾斜型；（f）L 型（TCCC）；（g）Z 型（TCCZ）；

1，2—封闭料槽；3—驱动装置；4—张紧装置

为了减小散体物料在转弯处的运行阻力，应尽量使装料口到垂直提升部分的距离取得短一些，并且尽一切可能避免把弯曲部分布置为直角，可以采用倾斜段来代替，或者在弯曲部分安装导向轮（见图3-2）以改变其运行方向。

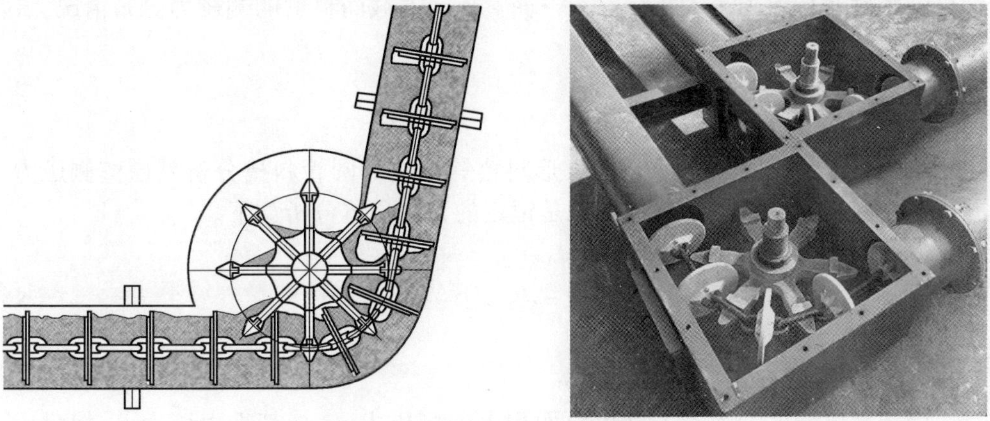

图3-2　圆形及方形壳体导向轮

3.2　盘式管道输送机水平路径力学性能研究

如图3-3所示，盘式管道输送机水平布置，当刮板推动物料沿料槽随刮板链条运行向前输送时，运行阻力主要由刮板及散体物料与料槽间的摩擦阻力组成，即

$$W_{h} = W_{hSC} + W_{hBG} \tag{3-6}$$

式中　W_h——水平段运行阻力，N；

W_{hSC}——刮板链条与料槽间的摩擦力，N；

W_{hBG}——散体物料与料槽间的摩擦力，N。

刮板与料槽之间因摩擦引起的运行阻力，可由下面的库仑摩擦公式计算：

$$W_{hSC} = L_{h} q_{SC} \mu_{S} \tag{3-7}$$

式中　L_h——盘式管道输送机水平段长，m；

q_{SC}——刮板链条单位长度线载荷，N/m；

μ_S——刮板与料槽间的摩擦系数。

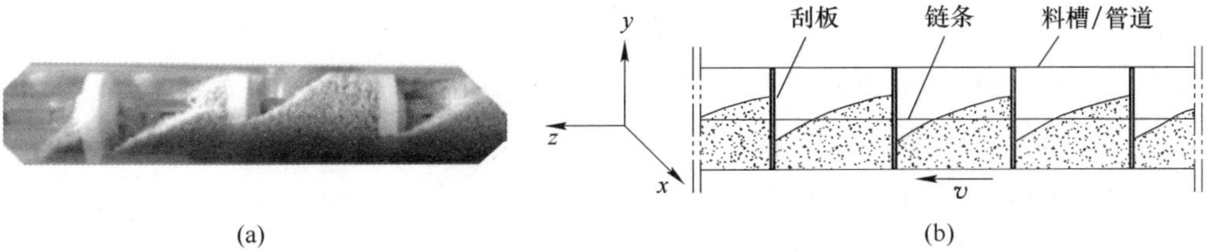

图3-3　水平路径盘式管道输送机截面图

（a）实物图；（b）坐标简图

由散体物料对料槽的侧压力引起的散体物料与料槽间的摩擦阻力是水平段运行阻力的主要部分。该侧压力的计算一直是沿用方形料槽的方法进行的，而散体物料的侧压力在圆形料槽壁和方形料槽壁的分布是完全不一样的，从而导致由其计算的摩擦运行阻力也大相径庭。下面对比于方截面料槽的侧压力分布情况，讨论圆管料槽的侧压力分布。

3.2.1　方截面料槽

第1章文献［10］中采用与方形料槽等截面的圆管料槽分析其槽壁侧压力，并假定管道在输送长度上横截面积是恒定的，其具体分析如下。

方截面边长 a 为：

$$a = \sqrt{S} = R\sqrt{\pi} \tag{3-8}$$

式中　a——方管料槽边长，m；

R——刮板半径，$R = D/2$，m。

已知液体高度的容器，其单位面积上的侧压力 p_x 与其重力压力 p_y 相对应，重力压力 p_y 由式（3-9）计算：

$$p_y = \rho g h \tag{3-9}$$

式中　p_y——y（重力）方向压力，N/m^2；

ρ——液体密度，kg/m^3；

h——容器中液体高度，m。

类似于液体的侧压力，散体物料由于重力压力 p_y 在侧壁会引起侧压力 p_x，根据平面应力，可以分别在 x 轴和 y 轴上来定义散体物料应力作用方向，在管道壁的主要压力为侧压力 p_x 和重力压力 p_y，分别用 σ_x 和 σ_y 来表示对应的应力，也分别称为侧应力和主应力。方截面内壁上的液体和散体物料的压力分布特性如图3-4所示。

侧压力 p_x 和重力压力 p_y 之间的关系为：

$$n = \frac{p_x}{p_y}$$

或

$$n = \frac{\sigma_x}{\sigma_y} \tag{3-10}$$

式中　n——侧压力系数；

p_x——x（侧壁）方向压力，N/m^2；

p_y——y（重力）方向压力，N/m^2；

σ_x——x（侧壁）方向应力，N/m^2；

σ_y——y（重力）方向应力，N/m^2。

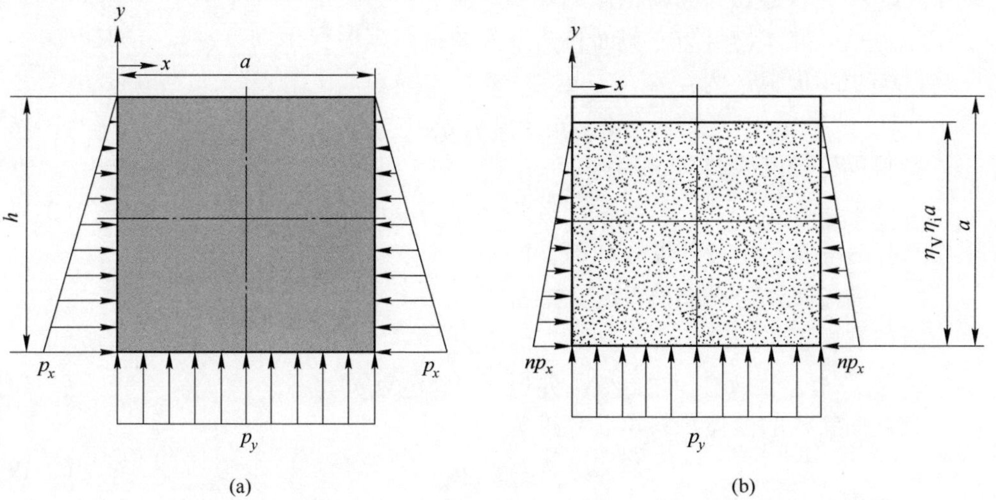

图 3-4　在正方形横截面的压力梯度

（a）液体；（b）散体物料

受散体物料内摩擦角 φ 的影响将侧压力系数 n 分三种状态来描述，如 2.3.1 节所述。

（1）静水压力：

$$n = 1 \tag{3-11}$$

是一种液体的静压应力状态。

（2）主动侧压力：

$$n = \frac{1 - \sin\varphi}{1 + \sin\varphi} = \tan^2\left(45° - \frac{\varphi}{2}\right) = n_{\min} < 1 \tag{3-12}$$

是当散体物料作用于不动的竖壁上时所形成的压力。

（3）被动侧压力：

$$n = \frac{1 + \sin\varphi}{1 - \sin\varphi} = \tan^2\left(45° + \frac{\varphi}{2}\right) = n_{\max} > 1 \tag{3-13}$$

是当运动的刮板链条作用于散体物料上时所形成的压力。

侧压力计算公式为：

$$p_x = np_y \tag{3-14}$$

由于散体物料的重力和侧压力作用，散体物料与料槽壁的摩擦引起的运行阻力按式（3-15）计算：

$$W_{\mathrm{hBG}}^{\square} = L_{\mathrm{h}}ap_y(1 + 0.5\eta_{\mathrm{V}}\eta_{\mathrm{i}}n)\mu_{\mathrm{B}} \tag{3-15}$$

式中　μ_B——散体物料与料槽间的摩擦系数；

$W_{hBG}^{\square}$——散体物料与方截面料槽壁间的运行阻力，N。

y 方向的压力 p_y 为：

$$p_y = \gamma\eta_V\eta_i a \tag{3-16}$$

物料单位长度线载荷 q_B 为：

$$q_B = \gamma\eta_V\eta_i S = \gamma\eta_V\eta_i aa = ap_y \tag{3-17}$$

式中　q_B——物料单位长度线载荷，N/m；

γ——散体物料堆积重度，N/m^3。

所以有：

$$W_{hBG}^{\square} = L_h q_B(1 + 0.5\eta_V\eta_i n)\mu_B \tag{3-18}$$

方截面料槽的散体物料填装高度为：

$$h = \eta_V\eta_i a \tag{3-19}$$

料槽容积效率不可能为100%，忽略输送效率，即只有当输送效率 $\eta_i = 1$ 时，散体物料填装高度为：

$$h = \eta_V a \tag{3-20}$$

这种假设反映了不是料槽的整个区域都被散体物料充满的事实。虽然对于盘式管道输送机尚没有计算依据，但盘式管道输送机的基本分析及数学计算公式应尽可能准确地反映其特点。

3.2.2　圆管料槽

因为方截面料槽和圆管料槽面积的计算公式不同，所以散体物料在方截面料槽和圆管料槽侧壁的压力分布也不同。因此，圆管料槽的侧压力计算不能完全照搬方截面料槽的侧压力计算公式，为了正确描述圆截面管道散体物料的压力分布，分填充率小于50%和大于50%两种情况来讨论。

3.2.2.1　填充率小于50%

A　料槽中被散体物料填充的圆弧面积计算

填充率不超过50%的情况如图3-5所示。由于散体物料分布在料槽内其表面是不均匀的，所以填充率的确定比较困难。如图3-5所示，以散体物料平均表面为横坐标，以管道纵轴线为纵坐标，建立直角坐标系，理论上散体物料填充高度可通过散体物料平均表面对应的圆心角来求得，由式（3-21）计算料槽中被散体物料填充的圆弧面积：

$$S_{B1} = \frac{1}{2}R^2(\beta - \sin\beta) \tag{3-21}$$

式中 S_{B1}——填充率小于50%时散体物料在料槽中的横截面面积，m^2；

β——散体物料在料槽中填充表面对应的圆心角，(°)。

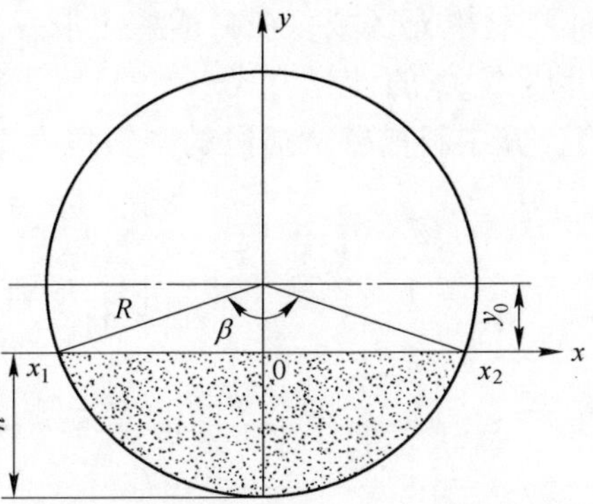

图 3-5 低填充率的圆截面管道示意图

散体物料填充表面为圆弧形，其面积为理想截面通过考虑容积效率 η_V 和输送效率 η_i 计算得到：

$$S_{B1} = S\eta_V\eta_i = \pi R^2\eta_V\eta_i \tag{3-22}$$

η_V 和 η_i 可通过设计和相应的技术测量得到，因此在设计中通常认为是已知的参数。

B 压力计算

通过挡土墙压力分布理论，直接从莫尔圆得到 x 轴、y 轴为主要应力轴，斜壁上分布压力特性 p_α 为：

$$p_\alpha = \frac{1+n}{2}p_y + \frac{1-n}{2}\cos(2\alpha)p_y \tag{3-23}$$

式中 p_α——斜壁上的压力，N/mm^2；

α——斜壁的倾角，(°)。

斜壁上的分布压力 p_α 完全依赖于散体物料的重力压力 p_y。公式（3-9）可以计算出液面恒定时的液体重力压力 p_y，而对于散体物料考虑其在管道料槽中的填充率，故料槽中散体物料表面高度 h 不是恒定的，因此用坐标方程来表示：

$$p_y = \gamma y(x) \tag{3-24}$$

如图 3-5 所示，圆管料槽内的散体物料表面高度用方程表示为：

$$y(x) = -\sqrt{R^2 - x^2} + y_0 \tag{3-25}$$

式中，$y_0 = R - h$，所以：

$$y(x) = -\sqrt{R^2 - x^2} + R - h \tag{3-26}$$

如图 3-5 所示的散体物料填充区域，在料槽壁上取一个无穷小的圆弧段，如图 3-6 所示，根据斜壁上压力 p_α 的计算公式（3-23），可以得到料槽壁上微弧段的压力计算公式（3-28），其中料槽壁微弧段的倾斜角度由式（3-27）确定。

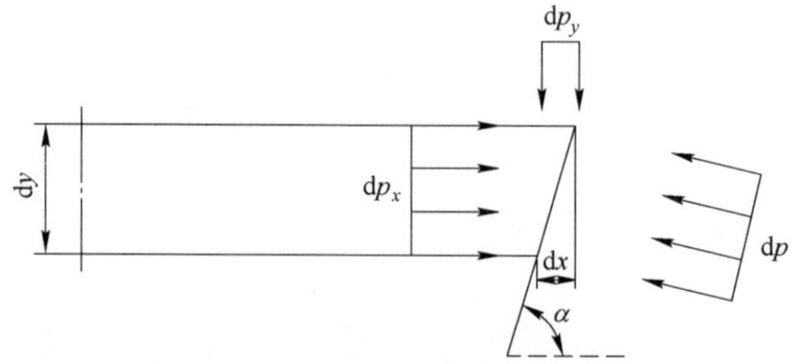

图 3-6　散体物料在微弧面上的力

$$\alpha = \arctan m \tag{3-27}$$

$$\mathrm{d}p_\alpha = \frac{1+n}{2}\mathrm{d}p_y + \frac{1-n}{2}\cos(2\arctan m)\,\mathrm{d}p_y \tag{3-28}$$

式中　m——料槽壁微弧段的斜率。

与 x 轴所夹角度的切线斜率用一阶偏导数来表示，在图 3-6 所示微弧段，对方程式（3-25）求偏导可以得到料槽壁微弧段的斜率 m 值如下：

$$m = \frac{\partial y(x)}{\partial x} = \frac{x}{\sqrt{R^2 - x^2}} \tag{3-29}$$

由方程式（3-24）、式（3-26）得：

$$p_y = \gamma\left(-\sqrt{R^2 - x^2} + R - h\right) \tag{3-30}$$

对式（3-30）求偏导得：

$$\mathrm{d}p_y = \frac{\partial p_y}{\partial x} = \gamma\frac{x}{\sqrt{R^2 - x^2}} \tag{3-31}$$

将式（3-29）、式（3-31）带入式（3-28）得：

$$\mathrm{d}p_\alpha = \frac{1+n}{2}\gamma\frac{x}{\sqrt{R^2 - x^2}} + \frac{1-n}{2}\gamma\frac{x}{\sqrt{R^2 - x^2}}\cos\left(2\arctan\frac{x}{\sqrt{R^2 - x^2}}\right) \tag{3-32}$$

通过泰勒展开 $\cos\left(2\arctan\frac{x}{\sqrt{R^2 - x^2}}\right)$ 可以用 $\left(1 - 2\frac{x^2}{R^2}\right)$ 来表示，则式

(3-32)变为：

$$\mathrm{d}p_\alpha = \frac{1+n}{2}\gamma\frac{x}{\sqrt{R^2-x^2}} + \frac{1-n}{2}\gamma\frac{x}{\sqrt{R^2-x^2}}\left(1-2\frac{x^2}{R^2}\right) \tag{3-33}$$

解微分方程（3-33）得：

$$p_\alpha = \frac{1+n}{2}\gamma\left(-\sqrt{R^2-x^2}+R-h\right) + \frac{1-n}{2}\gamma\left(\frac{-2x^2\sqrt{R^2-x^2}-R^2\sqrt{R^2-x^2}}{3R^2}+c\right) \tag{3-34}$$

式（3-34）中常数 c 可通过边界条件来确定，如图 3-5 所示，在料槽内散体物料表面高度反映在 x 轴上为交点 x_1、x_2，同时 x_1、x_2处形成了散体物料的零压力点，此时对应这两点料槽管壁上的侧压力 p_α 也为零，即

$$p_\alpha(x=x_1;\ x=x_2)=0 \tag{3-35}$$

当散体物料的表面高度已知时，便可依据式（3-34）、式（3-35）求得常数 c，得到式（3-34）的计算结果为：

$$p_\alpha = \frac{1+n}{2}\gamma\left(-\sqrt{R^2-x^2}+R-h\right) + \frac{1-n}{2}\gamma\left(\frac{-2x^2\sqrt{R^2-x^2}-R^2\sqrt{R^2-x^2}}{3R^2}+\frac{-2\sqrt{R^2-x_1^2}\,(R^2+2nR^2-x_1^2+nx_1^2)}{3R^2(n-1)}\right) \tag{3-36}$$

由方程（3-26）得 x_1、x_2 值为：

$$x_1 = -\sqrt{2Rh-h^2} \tag{3-37}$$

$$x_2 = \sqrt{2Rh-h^2} \tag{3-38}$$

由方程（3-36）可知，盘式管道输送机输送某种物料时，料槽侧壁的压力与物料填充高度、刮板半径及侧压力系数有关，当刮板半径及物料填充率一定时，仅与侧压力系数 n 有关。侧压力系数 n 不同，产生的压力也就不同。以大豆为例，取大豆堆积重度 $\gamma=12280\text{N/m}^3$，料槽半径 $R=100\text{mm}$，假设大豆表面高度 $h=80\text{mm}$，分别取 $n=0.3$、$n=1$、$n=1.45$，得到如图 3-7 所示的料槽侧压力曲线，侧压力呈抛物线形梯度分布，与方截面料槽的侧压力斜直线分布（图 3-4(b)）截然不同，也非第 1 章文献［5、6］所述的呈圆形分布。当 $n<1$ 时，侧压力值小于重力压力；当 $n>1$ 时，侧压力值大于重力压力；当 $n=1$ 时，侧压力值等于重力压力。图中压力值的正负与坐标的建立有关，此处表示所研究的侧压力处于直角坐标系的第三、四象限。

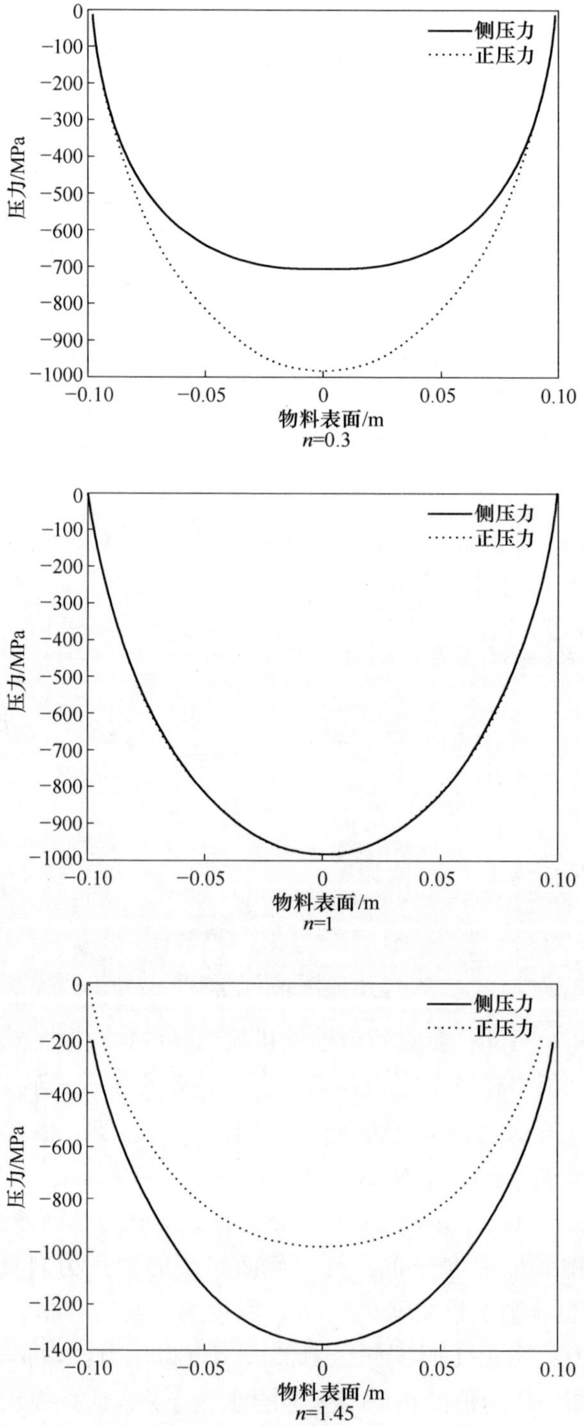

图 3-7　不同 n 值的圆管料槽压力曲线

3.2.2.2 填充率大于50%

当物料在料槽中填充率大于50%时，料槽侧壁压力曲线又会如何分布呢？为了分析这种情况，以管道横轴线为横坐标，纵轴线为纵坐标，建立直角坐标系，如图3-8所示。图中表示出了料槽横截面及散体物料的填充情况，前面已经讨论过的式（3-23）和式（3-24）在此也适用。

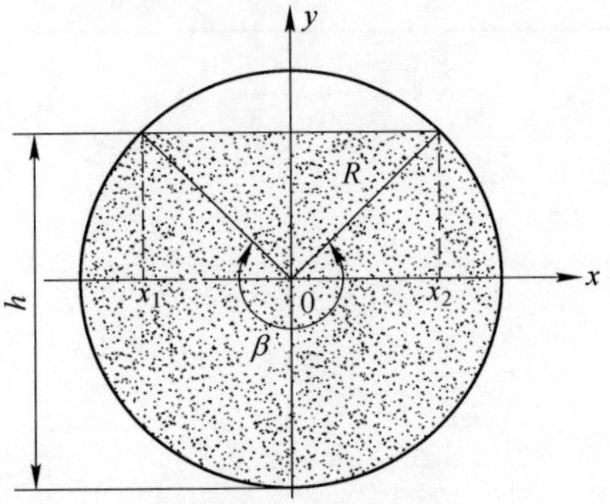

图3-8 高填充率的圆截面管道示意图

由于散体物料在料槽上半部分和下半部分重力压力的作用范围不同，故将此时的物料以料槽截面中心为界分成上下两部分来讨论。上半部分物料，产生了很大的正压力和侧压力，虽然正压力只在料槽下半部分的侧壁直接作用，但此时作用于上半部分槽壁的侧压力间接反应在散体物料运行阻力上。

在如图3-8所示的直角坐标系中，由上半部分物料引起的整个料槽的压力分布情况，采用散体物料表面高度 h 的分段函数来描述。

圆管料槽内散体物料表面高度用方程表示为：

$$y(x)=\begin{cases}\sqrt{R^2-x^2} & -R\leqslant x\leqslant x_1\\ h-R & x_1<x<x_2\\ \sqrt{R^2-x^2} & x_2\leqslant x\leqslant R\end{cases}\tag{3-39}$$

此时正压力 p_{yo} 也由 h 的分段函数来定义：

$$p_{yo}=\gamma\begin{cases}\sqrt{R^2-x^2} & -R\leqslant x\leqslant x_1\\ h-R & x_1<x<x_2\\ \sqrt{R^2-x^2} & x_2\leqslant x\leqslant R\end{cases}\tag{3-40}$$

由散体物料表面高度 h 确定的 x_1、x_2 点，在式（3-37）和式（3-38）中已经提到过。如图3-6所示，在如图3-8所示的散体物料填充区域，在料槽壁上取一个无穷小的圆弧段，则料槽壁微弧段的斜率 m 也分段定义为：

$$m=\begin{cases}\dfrac{-x}{\sqrt{R^2-x^2}} & -R\leqslant x\leqslant x_1\\ 0 & x_1<x<x_2\\ \dfrac{-x}{\sqrt{R^2-x^2}} & x_2\leqslant x\leqslant R\end{cases}\tag{3-41}$$

根据式（3-23）得到料槽壁的侧压力表达式见表3-1。

表 3-1　料槽壁的侧压力表达式

1. $-R \leqslant x \leqslant x_1$

$$p_{\alpha o,1} = \frac{1+n}{2}\gamma\sqrt{R^2-x^2} + \frac{1-n}{2}\gamma\int\frac{-x}{\sqrt{R^2-x^2}}\cos\left(2\arctan\frac{-x}{\sqrt{R^2-x^2}}\right)dx \tag{3-42}$$

2. $x_1<x<x_2$

$$p_{\alpha o,2} = \frac{1+n}{2}\gamma(h-R)+c \tag{3-43}$$

3. $x_2 \leqslant x \leqslant R$

$$p_{\alpha o,3} = \frac{1+n}{2}\gamma\sqrt{R^2-x^2} + \frac{1-n}{2}\gamma\int\frac{-x}{\sqrt{R^2-x^2}}\cos\left(2\arctan\frac{-x}{\sqrt{R^2-x^2}}\right)dx \tag{3-44}$$

式（3-42）～式（3-44）中 $\cos\left(2\arctan\frac{-x}{\sqrt{R^2-x^2}}\right)$ 项通过泰勒展开用 $\left(1-2\frac{x^2}{R^2}\right)$ 来近似代替，对代替后的 3 个式子积分，得到表 3-2 所示的结果。

表 3-2　料槽壁的侧压力表达式积分结果

1. $-R \leqslant x \leqslant x_1$

$$p_{\alpha o,1} = \frac{1+n}{2}\gamma\sqrt{R^2-x^2} + \frac{1-n}{2}\gamma\left(\frac{-R^2\sqrt{R^2-x^2}-2x^2\sqrt{R^2-x^2}}{3R^2}+c_{o1}\right) \tag{3-45}$$

2. $x_1<x<x_2$

$$p_{\alpha o,2} = \frac{1+n}{2}\gamma(h-R)+\frac{1-n}{2}\gamma c_{o2} \tag{3-46}$$

3. $x_2 \leqslant x \leqslant R$

$$p_{\alpha o,3} = \frac{1+n}{2}\gamma\sqrt{R^2-x^2} + \frac{1-n}{2}\gamma\left(\frac{-R^2\sqrt{R^2-x^2}-2x^2\sqrt{R^2-x^2}}{3R^2}+c_{o1}\right) \tag{3-47}$$

表 3-2 中积分常数 c_{o1}、c_{o2} 可通过边界条件来确定，定义边界条件：

（1）在 x 轴上由于重力压力为 0，则料槽侧壁压力也为 0，即

$$p_{\alpha o}(x=x_1;\ x=x_2)=0 \tag{3-48}$$

（2）在 $x_1<x<x_2$ 区域中，散体物料表面高度接近于料槽顶部，视料槽该部分侧压力系数为 1，即

$$p_{\alpha o}=p_{yo} \qquad x_1<x<x_2 \tag{3-49}$$

计算得到积分常数 c_{o1} 和 c_{o2} 值：

$$c_{o1}=\frac{2\sqrt{R^2-{x_1}^2}(R^2+2nR^2-x_1^2+nx_1^2)}{3R^2(n-1)} \tag{3-50}$$

$$c_{o2} = h - R \tag{3-51}$$

$p_{\alpha o,1}$、$p_{\alpha o,2}$、$p_{\alpha o,3}$为物料填充率大于50%时，料槽上半部分物料引起的槽壁的压力，单位为N/m^2；P_{yo}为物料填充率大于50%时，料槽上半部分重力压力，单位为N/m^2。

将式（3-50）代入式（3-45）和式（3-47）中，式（3-51）代入式（3-46），得到表3-3所示侧压力$p_{\alpha o}$的完整表达式。

在表3-3所列方程中，以大豆为例，取大豆堆积重度$\gamma=12280N/m^3$，料槽半径$R=100mm$，分别取$n=0.3$和$n=1.45$，并假设物料表面高度$h=160mm$，得到如图3-9所示的料槽壁侧压力分布曲线。当散体物料在料槽中填充率超过50%时，料槽上半部分的物料产生的重力压力呈曲线梯度分布，且该压力梯度与n值有关，随着n的增大侧压力明显增大。由于料槽上半部分的物料自重产生的正压力直接作用区域在料槽下半部分侧壁上，因此，由该部分物料自重引起的侧压力，随着物料量的增多在料槽上半部分呈近似线性增大，且分布在料槽上半部分侧壁上，在料槽下半部分，由于正压力的作用侧压力呈曲线梯度分布。图中压力值的正负与坐标的建立有关，图中所示的正侧压力处于直角坐标系的第一、二象限，负侧压力处于直角坐标系的第三、四象限。

表3-3 料槽壁侧压力$p_{\alpha o}$的完整表达式

1. $-R \leqslant x \leqslant x_1$

$$p_{\alpha o,1} = \frac{1+n}{2}\gamma\sqrt{R^2-x^2} + \frac{1-n}{2}\gamma\left[\frac{-R^2\sqrt{R^2-x^2}-2x^2\sqrt{R^2-x^2}}{3R^2}+\frac{2\sqrt{R^2-x_1^2}(R^2+2nR^2-x_1^2+nx_1^2)}{3R^2(n-1)}\right] \tag{3-52}$$

2. $x_1<x<x_2$

$$p_{\alpha o,2} = \frac{1+n}{2}\gamma(h-R)+\frac{1-n}{2}\gamma(h-R) \tag{3-53}$$

3. $x_2 \leqslant x \leqslant R$

$$p_{\alpha o,3} = \frac{1+n}{2}\gamma\sqrt{R^2-x^2} + \frac{1-n}{2}\gamma\left[\frac{-R^2\sqrt{R^2-x^2}-2x^2\sqrt{R^2-x^2}}{3R^2}+\frac{2\sqrt{R^2-x_1^2}(R^2+2nR^2-x_1^2+nx_1^2)}{3R^2(n-1)}\right] \tag{3-54}$$

忽略考虑经典力学材料的拉伸或压缩力学性能，因为散体物料只能传递一个非常小的拉力，因此只计算压力或压应力，可用下面的公式来简化压力的计算。

根据方程（3-9）和料槽中散体物料表面的位置进行压力的计算，因此，在料

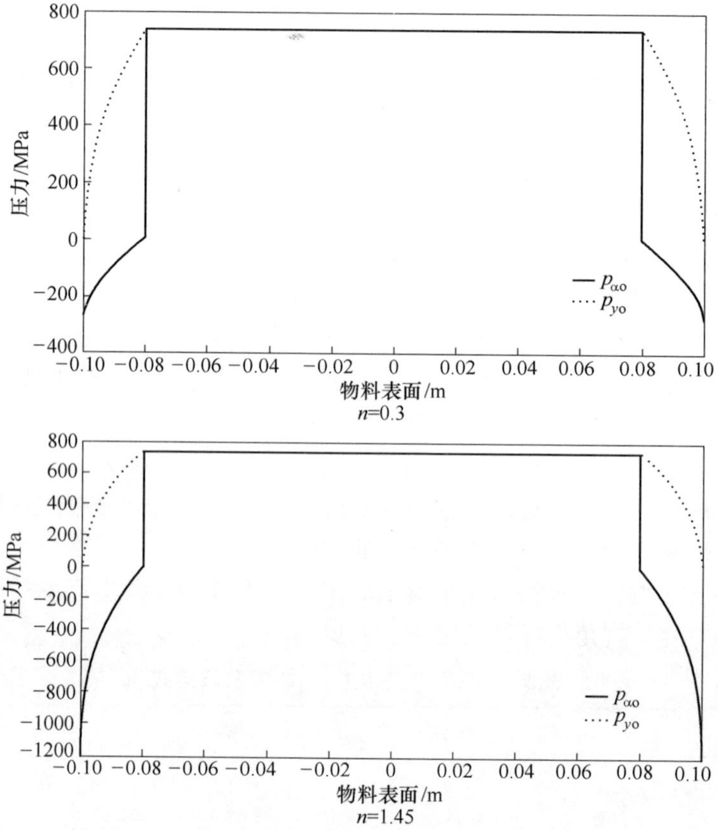

图 3-9　由料槽横截面中心以上物料引起的压力曲线

槽中下半部分某一位置以上的散体物料重力压力以分段函数表示为方程（3-55）：

$$p_{yu}=\gamma\begin{cases}-2\sqrt{R^2-x^2} & -R\leqslant x\leqslant x_1\\ -\sqrt{R^2-x^2}+R-h & x_1<x<x_2\\ -2\sqrt{R^2-x^2} & x_2\leqslant x\leqslant R\end{cases}\tag{3-55}$$

图 3-6 所示的微弧是在下半圆部分范围内考虑的，对已导出的方程（3-29）扩展到料槽横截面整个范围内仍然对应。

$$m=\frac{x}{\sqrt{R^2-x^2}}\tag{3-29}$$

将式（3-55）、式（3-29）带入式（3-23）中，得到表 3-4 所示的公式。

将表 3-4 中的各式积分得表 3-5 所示的各式。

表 3-5 各式中的参数由两个边界条件确定。从料槽横截面看，整个料槽侧压力 p_α 的计算是由上、下两部分物料引起的侧压力组成。假定压力不具有连续性，

表 3-4 料槽下半部分侧壁压力 $p_{\alpha u}$ 的积分表达式

1. $-R \leqslant x \leqslant x_1$

$$p_{\alpha u,1} = \frac{1+n}{2}\gamma\left(-2\sqrt{R^2-x^2}\right) + \frac{1-n}{2}\gamma\int\cos\left(2\arctan\frac{x}{\sqrt{R^2-x^2}}\right)2\frac{x}{\sqrt{R^2-x^2}}\mathrm{d}x \tag{3-56}$$

2. $x_1 < x < x_2$

$$p_{\alpha u,2} = \frac{1+n}{2}\gamma\left(-\sqrt{R^2-x^2}+R-h\right) + \frac{1-n}{2}\gamma\int\cos\left(2\arctan\frac{x}{\sqrt{R^2-x^2}}\right)\frac{x}{\sqrt{R^2-x^2}}\mathrm{d}x \tag{3-57}$$

3. $x_2 \leqslant x \leqslant R$

$$p_{\alpha u,3} = \frac{1+n}{2}\gamma\left(-2\sqrt{R^2-x^2}\right) + \frac{1-n}{2}\gamma\int\cos\left(2\arctan\frac{x}{\sqrt{R^2-x^2}}\right)2\frac{x}{\sqrt{R^2-x^2}}\mathrm{d}x \tag{3-58}$$

表 3-5 料槽下半部分侧壁压力 $p_{\alpha u}$ 的表达式

1. $-R \leqslant x \leqslant x_1$

$$p_{\alpha u,1} = \frac{1+n}{2}\gamma\left(-2\sqrt{R^2-x^2}\right) + \frac{1-n}{2}\gamma\left(\frac{2}{3}\sqrt{R^2-x^2} + \frac{4x^2\sqrt{R^2-x^2}}{3R^2} + c_{u1}\right) \tag{3-59}$$

2. $x_1 < x < x_2$

$$p_{\alpha u,2} = \frac{1+n}{2}\gamma\left(-\sqrt{R^2-x^2}+R-h\right) + \frac{1-n}{2}\gamma\left(\frac{R^2\sqrt{R^2-x^2}+2x^2\sqrt{R^2-x^2}}{3R^2} + c_{u2}\right) \tag{3-60}$$

3. $x_2 \leqslant x \leqslant R$

$$p_{\alpha u,3} = \frac{1+n}{2}\gamma\left(-2\sqrt{R^2-x^2}\right) + \frac{1-n}{2}\gamma\left(\frac{2}{3}\sqrt{R^2-x^2} + \frac{4x^2\sqrt{R^2-x^2}}{3R^2} + c_{u1}\right) \tag{3-61}$$

则从料槽横截面的上部到下部，位于料槽圆截面横轴线上的料槽壁为过渡段，此处侧压力为零。

第一个边界条件：

$$p_{\alpha u}(x=R;\ x=-R) = p_{\alpha o}(x=R;\ x=-R) \tag{3-62}$$

定义分段函数的跳点得第二个边界条件：

$$p_{\alpha u,1}(x=x_1;\ x=x_2) = p_{\alpha o,2}(x=x_1;\ x=x_2) \tag{3-63}$$

$p_{\alpha u,1}$ 是在 $-R \leqslant x \leqslant x_1$ 范围内料槽壁下半部分侧压力；$p_{\alpha u,2}$ 是在 $x_1 < x < x_2$ 范围内料槽壁下半部分侧压力。

据上述边界条件得到 c_{u1} 和 c_{u2}。

$$c_{u1} = \frac{2\sqrt{R^2-x_1^2}\,(R^2+2nR^2-x_1^2+nx_1^2)}{3R^2(n-1)} \tag{3-64}$$

$$c_{u2} = \frac{\sqrt{R^2 - x_1^2}(4R^2 + 8nR^2 - 4x_1^2 + 4nx_1^2)}{3R^2(n-1)} + \frac{3R^3 + 3nR^3 - 3hR^2 - 3nhR^2}{3R^2(n-1)} \tag{3-65}$$

将式（3-64）、式（3-65）代入和表3-5对应的公式中，得到侧压力 $p_{\alpha u}$ 的完整表达式，见表3-6。

表3-6　料槽下半部分侧壁压力 $p_{\alpha u}$ 的完整表达式

1. $-R \leqslant x \leqslant x_1$

$$p_{\alpha u,1} = \frac{1+n}{2}\gamma(-2\sqrt{R^2-x^2}) + \frac{1-n}{2}\gamma\left[\frac{2}{3}\sqrt{R^2-x^2} + \frac{4x^2\sqrt{R^2-x^2}}{3R^2} + \frac{2\sqrt{R^2-x_1^2}(R^2+2nR^2-x_1^2+nx_1^2)}{3R^2(n-1)}\right] \tag{3-66}$$

2. $x_1 < x < x_2$

$$p_{\alpha u,2} = \frac{1+n}{2}\gamma(-\sqrt{R^2-x^2}+R-h) + \frac{1-n}{2}\gamma\left[\frac{R^2\sqrt{R^2-x^2}+2x^2\sqrt{R^2-x^2}}{3R^2} + \frac{\sqrt{R^2-x_1^2}(4R^2+8nR^2-4x_1^2+4nx_1^2)}{3R^2(n-1)} + \frac{3R^3+3nR^3-3hR^2-3nhR^2}{3R^2(n-1)}\right] \tag{3-67}$$

3. $x_2 \leqslant x \leqslant R$

$$p_{\alpha u,3} = \frac{1+n}{2}\gamma(-2\sqrt{R^2-x^2}) + \frac{1-n}{2}\gamma\left[\frac{2}{3}\sqrt{R^2-x^2} + \frac{4x^2\sqrt{R^2-x^2}}{3R^2} + \frac{2\sqrt{R^2-x_1^2}(R^2+2nR^2-x_1^2+nx_1^2)}{3R^2(n-1)}\right] \tag{3-68}$$

在表3-6所列各方程中，以大豆为例，取大豆堆积重度 $\gamma=12280\text{N/m}^3$，料槽半径 $R=100\text{mm}$，分别取 $n=0.3$ 和 $n=1.45$，并假设物料表面高度 $h=160\text{mm}$，得到如图3-10所示结果，压力呈抛物线形和U字形梯度分布。其中物料自重压力为抛物线形梯度分布，而侧压力为U字形梯度分布，且当 $n<1$ 时，侧压力小于重力压力；当 $n>1$ 时，侧压力大于重力压力。图3-10更直接地反映了整个料槽管道横截面压力分布情况。

计算出的压力作用分布于料槽壁，使得散体物料在输送过程中和料槽管壁间产生摩擦。通过散体物料运动产生的阻力得到计算功率，该运动阻力是料槽壁表面压力分布的集成。料槽壁压力分布 p_α 在直角坐标系中的计算公式具有隐式性质，计算是非常困难的，为此，表示压力曲线的表3-3和表3-6中各方程必须转换成极坐标系，包括区域边界，x_1、x_2、$-R$、R 的转化。

图3-11有助于更好地理解下面的计算步骤。

由于料槽的横截面是对称的，所以如图3-11所示，仅以料槽的右半部分加

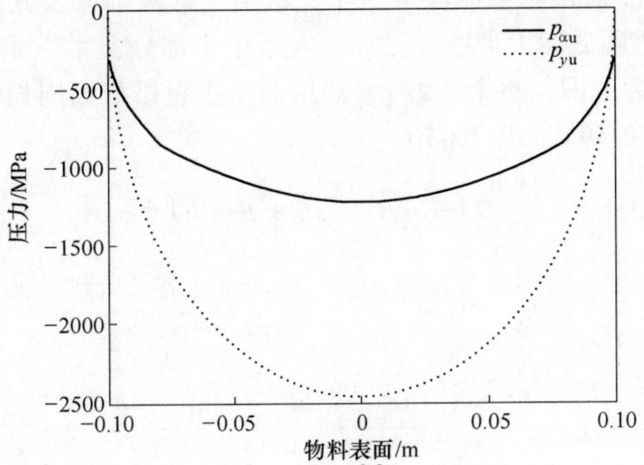

n=0.3

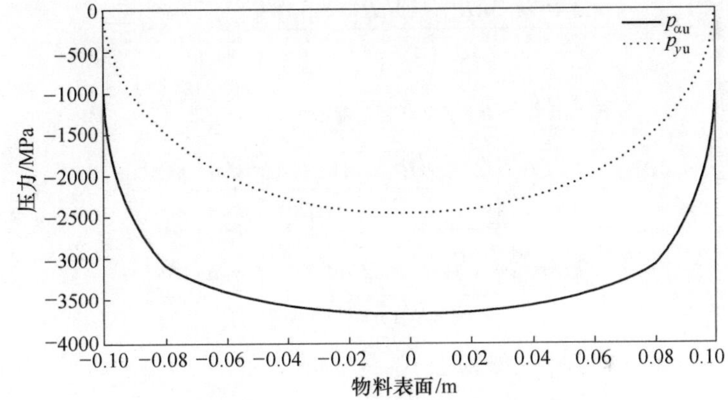

n=1.45

图 3-10 管道截面的压力分布曲线

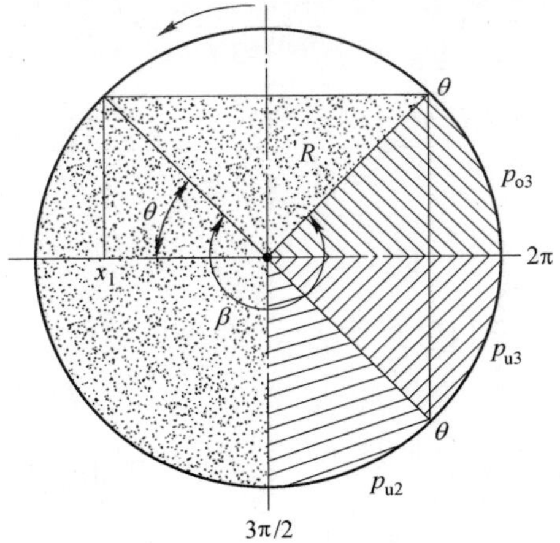

图 3-11 管道截面上的极坐标

以考虑。在图 3-11 所示笛卡尔坐标系中，给出了计算部分及其范围值。其中脚标“u”表示料槽圆截面下半部分，“o”表示上半部分，“2”和“3”表示作用于料槽壁的正压力范围，整个压力 $p_{\alpha u}$ 作用面小于料槽截面周长的一半。根据式（3-60）得到式（3-69）、式（3-70）：

$$
\begin{aligned}
p_{u,2} = & \frac{1+n}{2}\gamma\left(-\sqrt{R^2-x^2}+R-h\right)+ \\
& \frac{1-n}{2}\gamma\left[\frac{R^2\sqrt{R^2-x^2}+2x^2\sqrt{R^2-x^2}}{3R^2}+\right. \\
& \frac{\sqrt{R^2-x_1^2}(4R^2+8nR^2-4x_1^2+4nx_1^2)}{3R^2(n-1)}+ \\
& \left.\frac{3R^3+3nR^3-3hR^2-3nhR^2}{3R^2(n-1)}\right]
\end{aligned}
\tag{3-69}
$$

$$
\begin{aligned}
p_{u,3} = & -(1+n)\gamma\sqrt{R^2-x^2}+ \\
& \frac{1-n}{2}\gamma\left[\frac{2R^2\sqrt{R^2-x^2}+4x^2\sqrt{R^2-x^2}}{3R^2}+\right. \\
& \left.\frac{2\sqrt{R^2-x_1^2}(R^2+2nR^2-x_1^2+nx_1^2)}{3R^2(n-1)}\right]
\end{aligned}
\tag{3-70}
$$

根据式（3-46）得到 $p_{o,3}$ 计算公式：

$$
\begin{aligned}
p_{o,3} = & -\frac{1+n}{2}\gamma\sqrt{R^2-x^2}+ \\
& \frac{1-n}{2}\gamma\left[\frac{R^2\sqrt{R^2-x^2}-2x^2\sqrt{R^2-x^2}}{3R^2}+\right. \\
& \left.\frac{2\sqrt{R^2-x_1^2}(R^2+2nR^2-x_1^2+nx_1^2)}{3R^2(n-1)}\right]
\end{aligned}
\tag{3-71}
$$

3.2.2.3　运行阻力计算

散体物料在输送过程中和料槽管壁间产生摩擦运行阻力 $W_{hBG}^{\bigcirc}$，按式（3-72）计算：

$$
W_{hBG}^{\bigcirc} = 2\mu_B\left(\iint_S p_{u,2}\mathrm{d}S+\iint_S p_{u,3}\mathrm{d}S+\iint_S p_{o,3}\mathrm{d}S\right) \tag{3-72}
$$

从笛卡尔坐标变换到极坐标则有[65]：

$$
x = R\cos(\alpha) \tag{3-73}
$$

$$x_1 = R\cos\left(2\pi - \frac{1}{2}(\beta - \pi)\right) \tag{3-74}$$

由图 3-11 所示积分范围，经变换得到如下方程：

$$W_{\text{hBG}}^{\bigcirc} = 2\mu_{\text{B}} \int_{z=0}^{L_{\text{h}}} \left(\int_{\alpha=\frac{3}{2}\pi}^{2\pi-\frac{1}{2}(\beta-\pi)} p_{\text{u},2} R\text{d}\alpha + \int_{\alpha=2\pi-\frac{1}{2}(\beta-\pi)}^{2\pi} p_{\text{u},3} R\text{d}\alpha + \int_{\alpha=0}^{\frac{1}{2}(\beta-\pi)} p_{\text{o},3} R\text{d}\alpha \right) \text{d}z \tag{3-75}$$

对式（3-75）积分得到：

$$W_{\text{hBG}}^{\bigcirc} = 2\mu_{\text{B}} L_{\text{h}} \left\{ -\frac{2}{9} R\gamma \left[\sqrt{R^2\cos\left(\frac{1}{2}\beta\right)^2} \left(-9n\pi + 3\pi\cos\left(\frac{\beta}{2}\right)^2 (n-1) \right) - R(7n+2) \right] \right\} \tag{3-76}$$

式（3-76）适用于填充率 $\eta_{\text{i}} \geqslant 50\%$ 时管道刮板输送机水平段运行阻力的计算。

对于填充率 $\eta_{\text{i}} \leqslant 50\%$ 时，计算相当简单，依据式（3-36），只需要考虑 $p_{\text{u}2}$，如图 3-11 所示，积分限值是相同的，因此，计算公式为：

$$W_{\text{hBG}}^{\bigcirc} = 2\mu_{\text{B}} \int_{z=0}^{L_{\text{h}}} \left(\int_{\alpha=\frac{3}{2}\pi}^{2\pi-\frac{1}{2}(\beta-\pi)} p_{\text{u},2} R\text{d}\alpha \right) \text{d}z \tag{3-77}$$

对式（3-77）积分得到：

$$\begin{aligned} W_{\text{hBG}}^{\bigcirc} = {} & 2R\mu_{\text{B}} L_{\text{h}} \gamma \frac{1+n}{2} \left[R\sin\frac{\beta}{2} + (R-h)\left(\pi - \frac{\beta}{2}\right) \right] + 2R\mu_{\text{B}} L_{\text{h}} \gamma \frac{1-n}{2} \\ & \left\{ \frac{R}{6}\left(-\sin\frac{\beta}{2} + \frac{1}{3}\sin\frac{3}{2}\beta \right) + \frac{3(R-h)(1+n)}{3(n-1)}\left(\pi - \frac{\beta}{2}\right) + \right. \\ & \left. \frac{4R\cos\frac{\beta}{2}\left[1 + 2n + (n-1)\sin^2\frac{\beta}{2} \right]}{3(n-1)} \left(\pi - \frac{\beta}{2}\right) \right\} \end{aligned} \tag{3-78}$$

3.3 盘式管道输送机垂直路径力学性能研究

盘式管道输送机垂直路径运行阻力由两部分组成，即散体物料的运行阻力和刮板链条的运行阻力：

$$W_{\text{V}} = W_{\text{VBG}} + W_{\text{VSC}} \tag{3-79}$$

式中 W_{V}——垂直路径运行阻力，N；

W_{VBG}——垂直路径物料运行阻力，N；

W_{VSC}——垂直路径刮板链条运行阻力，N。

回程分支的运行阻力，主要是由刮板链条产生的，并有：

$$W_{VSC} = Hq_{SC} \tag{3-80}$$

式中　H——盘式管道输送机垂直路径高度，m。

要计算盘式管道输送机垂直段物料运行阻力，必须研究物料与料槽壁间的摩擦力，而该摩擦力是由物料对料槽壁的侧压力引起的，采用 Jassen 理论即存仓理论研究物料在管道刮板输送机垂直路径的压力分布。

据记载，最初设计人员计算物料对仓壁的压力是按照流体的压力理论进行的，流体的压力理论认为，压力沿着仓壁从上到下是线性增加的，大小与液体的压强类似，但随着仓储在各行各业的广泛应用，它的载荷分布情况也引起了越来越多的重视[2]，法国工程师 Moreau、Burnard、Huber、Roberts 及 Niel 等人认为，压力沿仓壁是曲线增加而不是线性增加，这一观点反映了物料与仓壁间存在摩擦力，虽然他们没有在自己研究的基础上提出合理的计算公式[3]，但使人们对存仓内物料压力的分布有了新的认识。

直到 19 世纪末，涌现出了 Jassen[4]、Airy[5] 等著名的学者，他们的研究使得存仓内物料的压力计算理论有了突破性进展。直到今天，他们的经典理论依然是世界各国筒仓规范的依据，尤其是 Jassen 理论，由于其形式简单计算方便，被广泛应用于筒仓及类似筒仓物料压力分布的研究中。据统计，世界上有 14 个主要国家的筒仓规范均是在此基础上进行修正制定的[6]。

Jassen 理论认为，筒仓内散体物料垂直压力与侧压力的增长与筒仓的高度不成比例，随着装载深度的增加，筒仓侧压力增加的速度逐渐缓慢，并且散体物料增加到一定深度后，侧压力就达到最高，而后无论再增加多深，压力值也几乎无变化。盘式管道输送机，由于其刮板具有实体的结构特点，使得任意两个刮板间的结构都与筒仓相类似，所以刮板节距的大小，直接影响料槽壁上的压力分布，进而影响散体物料的运行阻力。

使用古典 Jassen 理论推导管道刮板输送机料槽壁压力分布时，做如下假设[7,8]：

（1）忽略刮板与料槽间隙中物料的影响，假定各相邻刮板间的物料是相互独立的；

（2）在垂直方向上散体物料重度不变，即散体物料均匀密实不可压缩；

（3）两刮板间任意深度处的垂直压力，沿水平断面均匀分布；

（4）散体物料内任意一点的水平压力与垂直压力成比例，$p_x = np_y$；

（5）散体物料沿料槽壁的运行摩擦阻力为：$W_{xVBG} = \mu_B p_x + c$。

图 3-12 为盘式管道输送机垂直提升结构示意图，取任意两个刮板 AB 间距及其间的散体物料为研究对象，以散体物料平面为 x 轴，取向下为正，建立直角坐

标系，如图 3-13 所示，在 AB 刮板间取任一高度处的一层厚度为 dy 的单元体，研究其在下列力作用下的平衡条件。

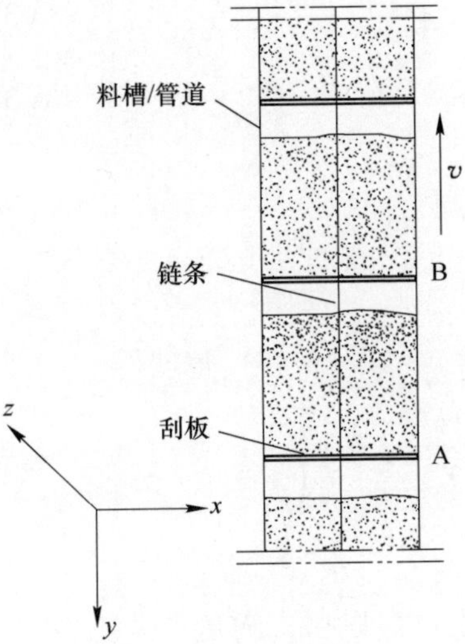

图 3-12 盘式管道输送机垂直提升结构示意图

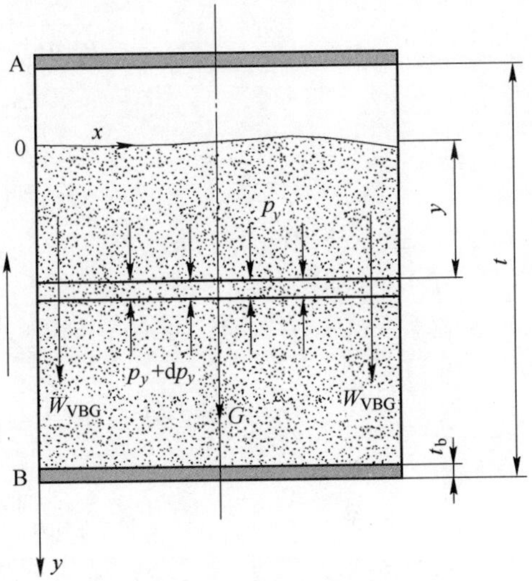

图 3-13 盘式管道输送机垂直提升计算模型

令 S_i 为料槽的内截面面积，单元体上受的力有：

（1）散体物料自重 $G=\gamma S_i dy$；

（2）上面物料作用在该层上的垂直压力 $S_i p_y$；

（3）下面物料作用在该层上的垂直压力 $S_i(p_y+dp_y)$；

（4）散体物料与料槽壁间的摩擦力 $W_{VBG}=\mu_B p_x+c$。

单元体受力平衡方程式为：

$$\gamma S_i dy + S_i p_y - S_i(p_y + dp_y) + \mu_B p_x + c = 0 \tag{3-81}$$

式中，c 为黏聚力，它与重力相比很小，所以忽略不计，故式（3-81）转化为：

$$\gamma S_i dy + S_i p_y - S_i(p_y + dp_y) + \mu_B n C_i p_y dy = 0 \tag{3-82}$$

式中 S_i——料槽的内截面面积，m^2；

dy——单元体厚度，m；

C_i——料槽断面周长，m。

整理式（3-82）得：

$$dy = \frac{S_i}{\gamma S_i + \mu_B n C_i p_y} dp_y \tag{3-83}$$

将 $p_x = np_y$ 带入式（3-83）并积分得：

$$p_x = \frac{\gamma S_i}{\mu_B n C_i}\left(e^{\frac{\mu_B n C_i}{S_i}y} - 1\right) \tag{3-84}$$

$$y = \frac{S_i}{\mu_B n C_i}\ln\left(\frac{\mu_B n C_i}{\gamma S_i}p_x + 1\right) \tag{3-85}$$

$$S_i = \pi R^2 \tag{3-86}$$

$$C_i = 2\pi R \tag{3-87}$$

$$y = (t - t_b)\eta_i \tag{3-88}$$

式中　t——刮板间距，m；

t_b——刮板厚度，m。

将式（3-86）~式（3-88）式带入式（3-84）、式（3-85）整理得：

$$y = (t - t_b)\eta_i = \frac{R}{2\mu_B n}\left[\frac{2\mu_B n}{\gamma}p_x + 1\right] \tag{3-89}$$

$$p_x = \frac{\gamma R}{2\mu_B n}\left[e^{\frac{2\mu_B n}{\gamma R}(t-t_b)\eta_i} - 1\right] \tag{3-90}$$

式（3-90）表明，当一台盘式管道输送机设计好以后，输送某一物料时，料槽壁上所受侧压力仅与侧压力系数和物料填充率有关，当侧压力系数一定时，侧压力随着物料填充率的增大呈近似直线增大的关系，侧压力曲线如图 3-14 所示。

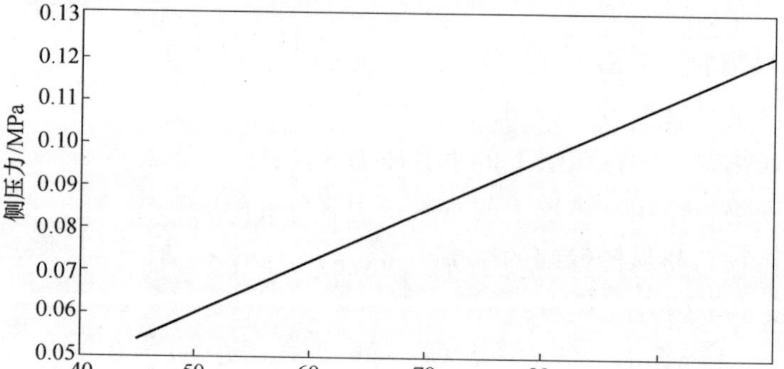

图 3-14　侧压力曲线图

垂直路径内每一对相邻刮板间力的分布规律是一致的，即运动阻力也是一致的。忽略刮板与料槽壁间的间隙，则 $S_i = S$，则有：

$$W_{V1} = S_i p_x = S p_x \tag{3-91}$$

将式（3-90）带入式（3-91）中得：

$$W_{V1} = S p_x \tag{3-92}$$

$$W_{V1} = \frac{\pi\gamma R^3}{2\mu_B n}\left[e^{\frac{2\mu_B n}{\gamma R}(t-t_b)\eta_i} - 1\right] \tag{3-93}$$

垂直路径散体物料与料槽壁间的运行摩擦阻力为：

$$W_{\mathrm{VBG}} = Hq_B \frac{R}{2t\mu_{\mathrm{B}}n}\left[\mathrm{e}^{\frac{2\mu_{\mathrm{B}}n}{\gamma R}(t-t_{\mathrm{b}})\eta_{\mathrm{i}}} - 1\right] \tag{3-94}$$

式中 H——垂直路径高度，m；

t——刮板间距，m；

t_{b}——刮板厚度，m。

当管道刮板输送机垂直段承载分支与回程空载分支路径倾角相等时，在运行阻力的计算中由刮板链条自重引起的运行阻力正好相互抵消不再考虑，当路径倾角不等时，由于重力分量不同，必须计算牵引构件自重引起的运行阻力。

3.4 盘式管道输送机倾斜路径运行阻力

当盘式管道输送机在 5°~25°范围内倾斜布置时，称之为小倾角布置。在此范围内以 $\cos\delta\approx1$ 近似确定散体物料与料槽壁的摩擦。

第 1 章参考文献［10］中使用式（3-95）来计算小倾角路段的运行总阻力：

$$W_{\mathrm{LG}} = Lq_{\mathrm{B}}(2\mu_{\mathrm{B}} + \sin\delta) + q_{\mathrm{SC}}(\mu_{\mathrm{SC}}\cos\delta + \sin\delta) \tag{3-95}$$

式中 W_{LG}——管道刮板输送机倾斜路径运行阻力，N；

L——倾斜路径长度，m；

q_{B}——散体物料单位长度线载荷，N/m；

δ——管道刮板输送机倾斜角度，(°)；

μ_{B}——散体物料与料槽壁间的摩擦系数；

q_{SC}——刮板链条单位长度线载荷，N/m；

μ_{SC}——刮板链条与料槽壁间的摩擦系数。

当盘式管道输送机超过 25°倾斜布置时，称之为大倾角布置。此种状态下，采用将其分解为水平和垂直路径来进行分析。

3.5 盘式管道输送机弯曲路径运行阻力

具有垂直段、倾斜段或其他种类的管道刮板输送机，弯曲段是必不可少的一部分。因此必须研究弯曲段的运行阻力。

盘式管道输送机弯曲半径较小时采用偏转半径轮，当弯曲半径较大时采用弯管，弯曲段运行阻力主要指弯管运行阻力。本章参考文献［9］中按下列方法计算弯管运行阻力。

这种解决弯管运行阻力的方案，只适用于挠曲或具有大弯曲半径情况，因为在这种情况下，链条的扭矩和由此产生的剪力及弯曲应力才可以忽略不计[9]。

$$W_{\mathrm{Bow}} = F_{\mathrm{T}i} - F_{\mathrm{T}(i-1)} \tag{3-96}$$

弯管运行阻力等于弯管处链条末端拉力 $F_{\mathrm{T}i}$ 与首端拉力 $F_{\mathrm{T}(i-1)}$ 的差值。

据前面的分析可知，弯管运行阻力也可以分解为刮板链条的运行阻力和物料的运行阻力，即

$$W_{\mathrm{Bow}} = W_{\mathrm{BowSC}} + W_{\mathrm{BowBG}} \tag{3-97}$$

由于刮板与料槽壁内侧存在摩擦及链条与链轮的啮合摩擦，故式（3-97）中刮板链条的运行阻力可以描述为下列数学模型：

$$W_{\mathrm{BowSC}} = \frac{q_{\mathrm{SC}} r e^{\frac{\pi}{2}\mu_{\mathrm{S}}}(1 - \mu_{\mathrm{S}}^2) - 2\mu_{\mathrm{S}}}{1 + \mu_{\mathrm{S}}^2} + (e^{\frac{\pi}{2}\mu_{\mathrm{S}}} - 1) F_{\mathrm{T}(i-1)} \tag{3-98}$$

式中　r——弯管半径，m。

散体物料在弯管的运行阻力可按式（3-99）计算。将弯管看成下列两部分的组合：（1）具有与方截面等面积的圆形横截面的长度为 r 的水平部分；（2）与方截面等面积的具有圆形横截面的长度为 r 的垂直部分。

此处，在垂直路径和水平路径推导出的公式仍然适用，即

$$W_{\mathrm{BowBG}} = W_{\mathrm{hBG,\ Bow}} + W_{\mathrm{vBG,\ Bow}} \tag{3-99}$$

由式（3-18）推导得：

$$W^{\mathrm{W}}_{\mathrm{hBG,\ Bow}} = r q_{\mathrm{B}} (1 + \eta_{\mathrm{i}} \eta_{\mathrm{V}} n) \mu_{\mathrm{B}} \tag{3-100}$$

由式（3-76）推导得：

$$W^{\bigcirc}_{\mathrm{hBG,\ Bow}} = 2r\mu_{\mathrm{B}}\left\{-\frac{2}{9}R\gamma\left\{\sqrt{R^2\cos\left(\frac{1}{2}\beta\right)^2}\left[-9n\pi + 3\pi\cos\left(\frac{\beta}{2}\right)^2(n-1)\right] - R(7n+2)\right\}\right\} \tag{3-101}$$

当填充率小时，可以用式（3-78）来代替，根据式（3-95）计算：

$$W_{\mathrm{VBG,\ Bow}} = r q_{\mathrm{B}} \frac{R}{2t\mu_{\mathrm{B}} n}\left[e^{\frac{2\mu_{\mathrm{B}} n}{\gamma R}(t-t_{\mathrm{b}})\eta_{\mathrm{i}}} - 1\right] \tag{3-102}$$

3.6　基本计算

3.6.1　逐点张力计算

盘式管道输送机根据现场物料输送要求，输送线路有垂直布置、水平布置、倾斜布置、弯曲布置等多种形式（见图 3-15），不同的布置形式可以选择头部、尾部等驱动方式。盘式管道输送机线路布置不同，使牵引构件的张力分布不同，导致牵引能力也不同。

盘式管道输送机的各种线路布置、驱动方式均可以采用逐点张力法对各特征点进行张力计算。以水平布置方式（如图 3-16 所示）为例进行说明，1 点为牵引构件与驱动轮的奔离点，其张力为 F_1；2 点为牵引构件与改向轮的趋入点，其张力为 F_2；3 点为牵引构件与改向轮的奔离点，其张力为 F_3；4 点为牵引构件与驱动轮的趋入点，其张力为 F_4。

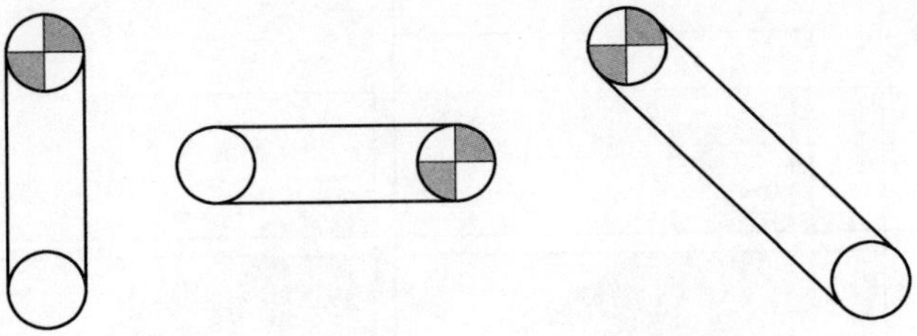

图 3-15 盘式管道输送机线路布置简图

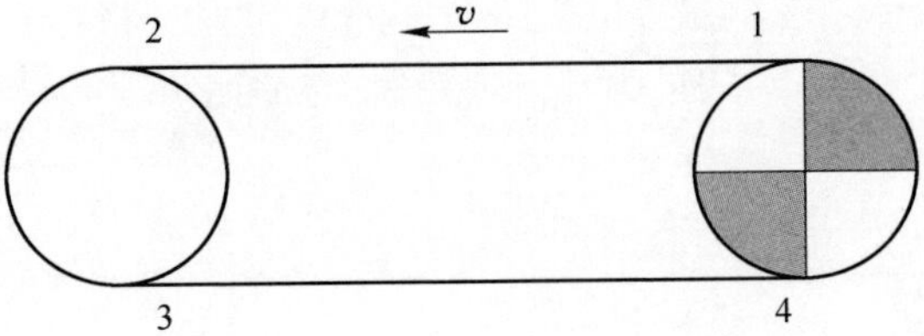

图 3-16 水平布置方式特征点

各点张力计算如下：

$$F_2 = F_1 + W_{h1\text{-}2} \tag{3-103}$$

$$F_3 = F_2 + W_{h2\text{-}3} \tag{3-104}$$

$$F_4 = F_3 + W_{h3\text{-}4} \tag{3-105}$$

牵引力 F 为：

$$F = F_4 - F_1 = W_{h1\text{-}2} + W_{h2\text{-}3} + W_{h3\text{-}4} \tag{3-106}$$

可知平稳运行时总阻力即为所需牵引力。通过线路上各点张力的计算，便可求出整个线路的最大张力值 S_{max}（一般是驱动滚筒或链轮的奔入点的张力）以及最小张力点，根据最大张力即可对牵引构件进行强度校核。

3.6.2 最小张力校核

最小张力指的是盘式管道输送机保证正常工作时牵引构件的最小张力值，根据圆盘的最大倾角来确定，当牵引构件向前运动时，刮板受到阻力 W_h，此时刮板将向后倾斜，使得 β 角超过允许的值（一般来说 β 角度许用值为 2°~3°）。因为盘式管道输送机的刮板节距相同，所以圆盘产生最大倾角的地方即张力最小的地方。下面以牵引构件链条为例进行最小张力计算。水平段输送如图 3-17 所示，水平段受力分析如图 3-18 所示。

在水平段，我们取一个链节进行讨论。

根据力矩平衡条件得：

$$\sum M = 0 \tag{3-107}$$

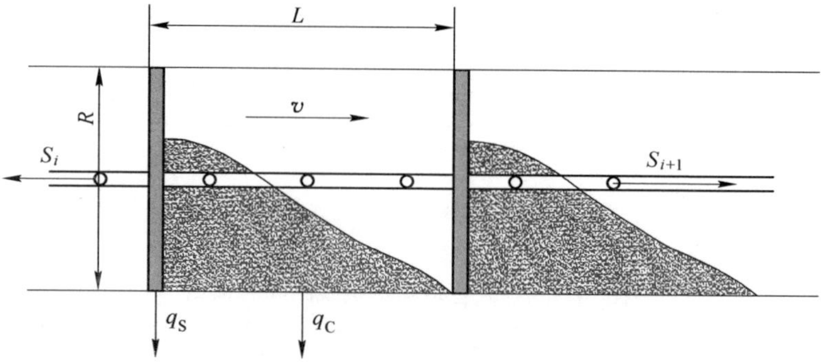

图 3-17　水平段输送示意图

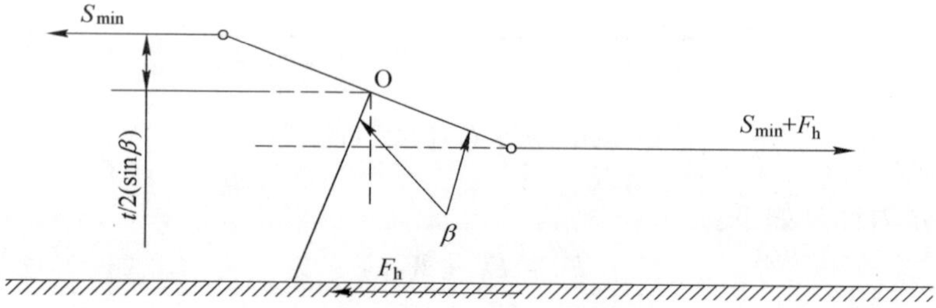

图 3-18　水平段受力分析

则有：

$$S_{\min}\frac{t}{2}\sin\beta+(S_{\min}+W_{\mathrm{h}})\frac{t}{2}\sin\beta=2W_{\mathrm{h}}R\cos\beta \tag{3-108}$$

$$S_{\min}=\frac{2W_{\mathrm{h}}R\cos\beta}{t\sin\beta}-\frac{W_{\mathrm{h}}}{2} \tag{3-109}$$

因此最小张力应该满足：

$$S_{\min}\geqslant\frac{2W_{\mathrm{h}}R}{t\tan\beta}-\frac{W_{\mathrm{h}}}{2} \tag{3-110}$$

式中　t——刮板链条节距，m；

R——刮板半径，m；

β——刮板倾角，一般允许 $\beta=2°\sim3°$；

W_{h}——水平段阻力，N。

在计算盘式管道输送机线路的张力时，如果承载分支的最小张力小于上述公式计算的最小张力值，则必须再改承载分支上张力最小的那一点的张力等于 $S_{\min}$，然后计算线路上各点张力。

3.6.3 输送量计算

（1）输送量计算：

$$Q = 3600S_0vr' = 3600S\eta_{输} k_\beta vr' \quad (3\text{-}111)$$

式中 v——牵引构件速度，m/s，根据物料的特性、输送机结构特点、功率消耗、使用条件及工艺要求等综合考虑，一般有推荐；

r'——物料的堆积密度，t/m^3；

S_0——水平输送物料在料槽中的横截面面积，m^2；

S——盘式管道输送机料槽横截面面积，m^2；

$\eta_{输}$——输送机效率，与刮板尺寸及物料特性等有关，水平布置时 $\eta_{输}=0.65\sim0.85$，对悬浮性大、流动性好、黏附性压实性较大的陶土、硫酸铵等取小值，对谷物和轻物料取较大值，对其他物料（如碎煤、锅炉渣等）取中间值，见表 3-7；

k_β——倾角系数，与倾角及刮板形式有关，见表 3-8。

表 3-7 垂直或大倾角布置的盘式管道输送机效率 $\eta_{输}$

物料类型	典型物料举例	$\eta_{输}$
悬浮类	黏土粉、磷矿粉、煤粉、炭黑、水泥	0.55~0.70
黏附、压实类	陶土、碳酸氢铵、氯化铵、苏打粉	0.60~0.75
一般物料	碎煤、锅炉渣、硫铁矿渣、活性炭	0.65~0.80
谷物类	小麦、玉米、大豆	0.70~0.85
轻物料类	木片、竹片、锯木	0.75~0.90

表 3-8 倾角系数 k_β

输送机倾角 β/(°)	0	5	10	15	20
k_β	1.0	0.95	0.85	0.75	0.65

根据已知的生产率可按式（3-111）求得所需的料槽截面。

链条速度取的较低，一般在 0.08~0.8m/s 的范围内。

刮板间距的确定，间距过大，料槽内物料间产生相对滑移，间距过小，牵引构件重量增加，都会增加功率消耗。

刮板与机槽之间间隙 δ 与料槽横截面大小、被输送物料的粒度等有关，一般在每侧间隙 $\delta=5\sim15$mm 的范围内选取，对于水平型：料槽横截面较小、物料粒度较小时，可取较小的 δ 值；垂直型、Z 字型：料槽横截面较大、物料粒度较大时，可取较大的 δ 值。

（2）系数计算法：

$$Q_{计} = 3600S\gamma' v k_1 k_2 k_3 \tag{3-112}$$

式中　k_1——速度系数，与物料特性、布置方式有关（见表 3-9）；

k_2——几何系数，与刮板链条形式有关（见表 3-10）；

k_3——填实系数，与物料种类有关（见表 3-11）。

表 3-9　速度系数 k_1

物料特性	水平布置 $0°<\beta\leqslant15°$	大倾角或垂直布置
小块状物料	0.8～0.9	0.7～0.8
小颗粒物料	0.8～0.9	0.6～0.7
粉末状物料	0.7～0.8	0.4～0.6

表 3-10　几何系数 k_2

链条形式	锻造链	滚子链	板链
k_2	0.90	0.85	0.80

表 3-11　填实系数 k_3

物料种类	谷物	碎石	石灰精矿	水泥	砂	炭黑	糖
k_3	1.05	1.10	1.10	1.15	1.15	1.20	1.20

实际的输送量应为计算输送量 $Q_{计}$ 的 1.1～1.15 倍，即

$$Q_{实} = (1.1 \sim 1.5)Q_{计} \tag{3-113}$$

3.6.4　水平及微倾斜埋刮板输送机计算示例

3.6.4.1　盘式管道输送机的运行阻力

盘式管道输送机的运行阻力主要包括：

（1）牵引构件在直线区段与曲线区段上运行的摩擦阻力；

（2）刮板链条和物料的提升阻力；

（3）物料对槽壁的摩擦阻力。

3.6.4.2　水平及微倾斜埋刮板输送机计算示例

倾角 β 为 $0° \leqslant \beta \leqslant 15°$，图 3-19 为运行阻力计算简图。

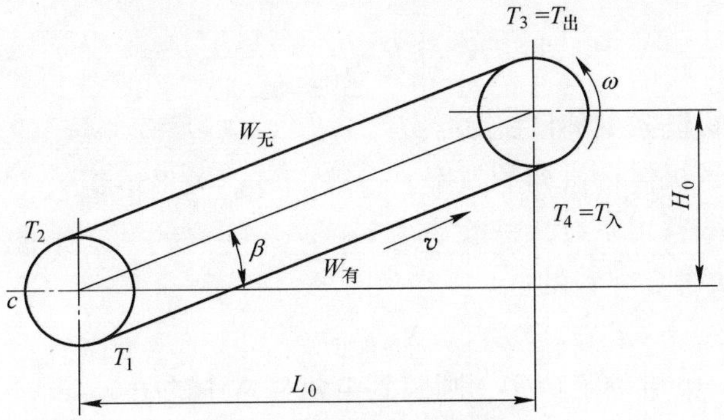

图 3-19 运行阻力计算简图

（1）求运行阻力：

1）有载分支运行阻力 $W_有$：

$\eta_i \geqslant 50\%$时，有载分支运行阻力 $W_有$ 为：

$$W_有 = 2\mu_B L_h\left\{-\frac{2}{9}R\gamma\left\{\sqrt{R^2\cos\left[\frac{1}{2}\beta\right)^2}\left[-9n\pi + 3\pi\cos\left(\frac{\beta}{2}\right)^2(n-1)\right] - R(7n+2)\right\}\right\} + Hq_B\frac{R}{2t\mu_B n}\left[e^{\frac{2\mu_B n}{\gamma R}(t-t_b)\eta_i} - 1\right] \tag{3-114}$$

$\eta_i \leqslant 50\%$时，有载分支运行阻力 $W_有$ 为：

$$\begin{aligned}W_有 = {} & 2\mu_B L_h\gamma\frac{1+n}{2}\left[R\sin\frac{\beta}{2} + (R-h)\left(\pi - \frac{\beta}{2}\right)\right] + \\ & 2R\mu_B L_h\gamma\frac{1-n}{2}\left\{\frac{R}{6}\left(-\sin\frac{\beta}{2} + \frac{1}{3}\sin\frac{3}{2}\beta\right) + \right. \\ & \frac{3(R-h)(1+n)}{3(n-1)}\left(\pi - \frac{\beta}{2}\right) + \\ & \left.\frac{4R\cos\frac{\beta}{2}\left[1+2n+(n-1)\sin^2\frac{\beta}{2}\right]}{3(n-1)}\left(\pi - \frac{\beta}{2}\right)\right\} + \\ & Hq_B\frac{R}{2t\mu_B n}\left[e^{\frac{2\mu_B n}{\gamma R}(t-t_b)\eta_i} - 1\right]\end{aligned} \tag{3-115}$$

2）无载分支运行阻力 $W_无$：

$$W_无 = q_{SC}(\mu_{SC}L_h - H) \tag{3-116}$$

（2）求张力：

$$T_入(T_4) = C(T_出 + W_无) + W_有 \tag{3-117}$$

（3）功率计算：盘式管道输送机所需要电动机计算功率（kW）为：

$$N = k\frac{(T_{入} - T_{出})v}{102\eta_{输}} \tag{3-118}$$

式中　v——刮板链条的速度，m/s；

$\eta_{输}$——输送机传动机构的效率，一般取 $\eta_{输}=0.85\sim0.9$；

k——功率备用系数，一般取 1.1～1.4。

所选电机功率必须满足：

$$N_{电机} \geqslant N \tag{3-119}$$

式中　$N_{电机}$——电机额定功率，圆整到电机样本中的值。

3.7　本章小结

针对盘式管道输送机特殊的结构特点，水平输送时，将物料填充率分为小于50%和大于50%两种情况，针对这两种情况讨论侧压力的分布，推导出了相应的侧压力计算公式，并采用Matlab绘制了两种情况下不同侧压力系数对应的侧压力曲线，得到如下结论：

(1) 填充率小于50%，压力曲线既不是呈直线分布也不是呈圆形分布，而是呈抛物线形梯度分布，当 $n<1$ 时，侧压力值小于重力压力；当 $n>1$ 时，侧压力值大于重力压力；当 $n=1$ 时，侧压力值等于重力压力。

(2) 填充率大于50%，由料槽上半部分物料的自重引起的压力，在料槽下半部分侧壁上呈曲线梯度分布，该压力梯度与 n 值有关，随着 n 的增大，侧压力明显增大；在料槽上半部分侧压力与重力压力呈近似线性关系。

(3) 填充率大于50%，由全部物料产生的重力压力呈抛物线形梯度分布，而由此压力引起的侧压力呈“U”字形梯度分布，且当 $n<1$ 时，侧压力小于重力压力；当 $n>1$ 时，侧压力大于重力压力。

(4) 在力学分析的基础上导出了盘式管道输送机水平段、垂直段、弯曲段运行阻力的计算公式。

参考文献

[1] Stöcker H. Taschenbuch der Mathematischen Formeln und Modernen Verfahren [M]. Frankfurt am Main: Verlag Harry Deutsch, Thun, 2001.

[2] 刘敏. 预应力混凝土贮煤筒仓结构设计技术研究 [D]. 成都: 西南交通大学, 2012.

[3] Hamdy Hessien Abd-el-rahim. Experimental and Theoretical Analysis of Dynamic Effects in Cement Storage Silos [M]. Wydawnictwo Politechniki Wrocalwskiej Wroclaw, 1991.

[4] Jassen H A. Versuche uber getreidedruck in silozellen [J]. VDIZeischrift (Dusseldort), 1895,

39 (8): 347-1049.

[5] Airy W. The pressure of grain [J]. Institution of Civil Engineers. London, 1897, 131: 347-358.

[6] 王录民. 浅圆仓粮食侧压力理论分析与实测研究 [D]. 上海: 同济大学, 2003.

[7] 陈喜山. 古典杨森散体压力理论的拓展及采矿工程中的应用 [J]. 岩土工程学报, 2010, 32 (2): 315-319.

[8] 克列因. 散体结构力学 [M]. 陈万佳, 译. 北京: 中国铁路出版社, 1983: 235-241. (Chen Wanjia, translator. Bulk Solid Structural Mechanics [M]. Beijing: Chinese Railway Publishing House, 1983: 235-241.)

[9] Krause F, Banse W, Schmolke S, et al. Theoretische und Experimentelle Untersuchungen an Rohrkettenförderern [C] // In Tagungsband zur Fachtagung Schüttgutfördertechnik. Otto-von-Guericke-Universität Magdeburg, Institut für Förder-und Baumaschinentechnik, Stahlbau und Logistik, 1998.

本章发表论文:

1. Yao Yanping, Meng Wenjun, Kou Ziming. Resistance Analysis for Bulk Materials in the Vertical Section of Pipe Scraper Conveyor [C]//Proceedings of China Modern Logistics Engineering. Germany: Springer, 2015, 286: 327-335. (EI: 20150500482852)

2. 姚艳萍. 管道刮板输送机运行阻力的计算 [J]. 起重运输机械, 2019 (8): 56-60.

4 盘式管道输送机 EDEM 仿真研究

力学问题都是以某种介质为基础进行分析解答的，介质有连续介质和非连续介质，对应的处理介质力学数值分析方法也分为连续介质力学数值分析方法和非连续介质力学数值分析方法两类[1]。常用的边界元法和有限元法是一种连续介质数值方法，因为它们所研究的问题要求在数学上具有连续性，这些方法基于连续体的假设，必须满足位移协调和应力平衡条件，极大地限制了它们在粉体及颗粒系统中的粒子流动等动力学方面的运用。

离散元素法是一种新型非连续介质力学数值方法，用以分析和求解离散系统的力学特性和运动规律，不要求在数学上具有连续性，仅仅用到牛顿定理和接触本构关系，所以也可以认为是一种物理方法[2]。

4.1 离散元素法

离散元素法（Discrete Element Method，DEM）是美国的 P. A. Cundall 教授于 1971 年首次提出的一种基于分子动力学原理的颗粒离散体物料分析方法。DEM 的基本思想是将不连续体分离为刚性单元集合，使得每一个刚性单元均能满足运动方程，使用步长迭代法求解每个刚性单元的运动方程，从而求得不连续体的整体运动形态。该方法允许每个单元间的相对运动不是必须满足位移连续和变形协调条件。DEM 的基本原理是：基于离散化的思想，将研究的对象划分为一系列相互独立的单元，根据单元之间的相互作用以及牛顿第二运动定律，通过循环迭代计算，得到在每一个设置的时间步长内，所有单元的受力和位移，然后更新每个单元的位置。从每个单元的运动状态得出整个系统颗粒的运动状态。在离散元素法中，单元瞬态受力平衡，且只要对象内部的作用力达到平衡，就认为单元处于平衡状态。离散元素法的基本假设是：在一个单独的且足够小的时间步长内，除了与选定单元有直接接触的单元外，其他任何单元的扰动都不会对其有影响；并且在任意的时间步长内，单元速度和加速度都是定值。从而有如下结论：在任意时刻单元体所受到的作用力，只和单元体本身以及与其直接接触的其他单元体相关。离散元素法的基本原理主要有两个方面的定义：一个是接触模型，即力-位移关系，接触模型用于单元接触力的计算，基于不同工况建立；第二个是牛顿第二运动定律，由其得到加速度，对时间进行积分得到单元的速度及位移。因此针对不同的对象、工况采用不同的接触模型，大大增强了离散元法的适用性。离散元素法计算速度快，所需要的存储空间小，特别适合求解大位移以及非线性问题[3~6]。

在国内离散元素法的应用和研究起步虽然较晚，但受到了极大的重视，发展也非常迅速。人们用离散元素法快速简捷地进行设计分析，指导连续输送机技术改进等，减少产品开发成本和周期，不仅解决了具体问题，而且对离散元素法的发展有很大的补充。

离散元素法经过近半个世纪的发展，分析原理和计算方法已经日趋成熟。新型三维离散元软件 EDEM（工程离散元素法 Engineering Discrete Element Method，简称 EDEM）是世界上第一个用现代化离散元模型设计的用于模拟和分析颗粒单元处理和生产操作的通用 CAE 软件[5]。离散元素法是显式求解的，应用经典牛顿定律分析离散颗粒单元之间的相互作用，使用静态和动态松弛迭代法进行运算，确定单个时间步长内所有离散颗粒单元的位移和受力情况。随后对所有颗粒单元的位置进行重新校准。通过对每个离散颗粒单元的微观运动进行跟踪计算，整个“连续介质”的宏观运动状态就能计算出来。EDEM 的求解流程如图 4-1 所示。通过 EDEM 仿真可以获得的数据属性如图 4-2 所示[7~13]。

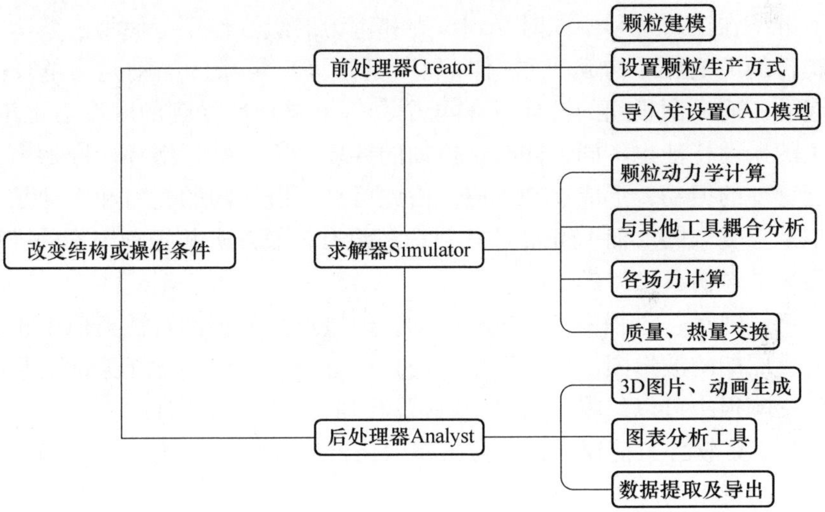

图 4-1 EDEM 仿真求解流程[14]

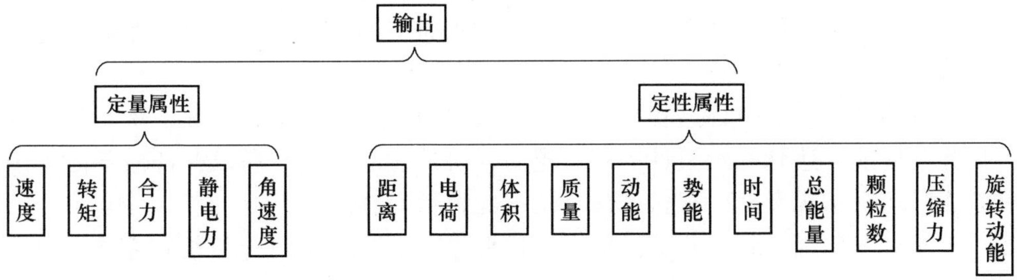

图 4-2 EDEM 颗粒单元输出属性[15]

4.2　盘式管道输送机 EDEM 仿真

4.2.1　盘式管道输送机三维建模

以料槽管道 219mm×6mm、刮板节距 2×92mm、刮板直径 200mm，进行盘式管道输送机三维模型的建立，经过反复改进和调整之后，利用 Solidworks 将最终用来模拟仿真的整体三维模型建立起来。

基于以下几点原因，该模型的建立采用具有与链条负荷等效的破断拉力的钢丝绳代替链条与刮板固结构成牵引构件：

（1）对链条建模时每个链环是由两个圆弧段、两个直线段四个部分组成的，且相邻两刮板之间有 2~4 个链环，这样链环之间接触面增多，而每个接触面均要计算受力，使得 EDEM 软件计算量增大、仿真速度变慢，当仿真距离较长时，仿真时间会长达几个月。

（2）链条在运行过程中同时受到拉力和弯力的组合作用，使得链条运行微观上犹如爬行的毛毛虫，构成“屈-伸-屈”的形态。链条的振动是由链环间的摩擦力引起的，而两刮板间的链环有 2~4 个，每个链环所受到的摩擦力也不相同，导致产生的振动特征也不同，同时，振动的链环会影响邻近链环的摩擦力，进而影响邻近链环的振动，形成连锁反应。由此可见，链环间的受力和振动是相互影响的，也是较复杂的。而 EDEM 软件目前还没有计算或分析振动因素的模块，尚不能得出振动对仿真结果的影响。

（3）钢丝绳运行过程中虽然也有振动，但钢丝绳的振动特性类似于正弦或余弦一个完整周期的波形图，比较简单，而且与链条相比由钢丝绳振动引起的刮板对物料的影响很小可以忽略，所以，对钢丝绳的振动忽略不计。

（4）EDEM 软件目前仅能仿真分析牵引构件所受的正压力，与运动方向之间成一定角度的受力尚不能正确反映。

（5）仿真研究的模型不管是钢丝绳还是链条其上的张力都是由颗粒运动时克服物料与料槽间的摩擦引起的，所以输送一定量的物料，颗粒的运动特性反映在盘式管道输送机几何模型上表现为钢丝绳的张力不同，可以认为钢丝绳的受力与链条等同。

仿真就是在产品设计过程中、在其制造之前，模拟其运行情况，从而改进设计提高其性能，达到缩短设计周期、提高整机性能的目的。所以，任何不能正确反映实际运行情况及耗时很长的仿真均与此背道而驰。

基于上述原因，将盘式管道输送机模型导入 EDEM 软件进行仿真之前先对其进行相应的简化，将与仿真结果关系不大的特征都省略掉，诸如用于管道连接的法兰和螺栓等，争取用最简化的几何模型得到最接近实际情况的仿真结果。

水平盘式管道输送机实体与三维模型如图 4-3 所示。

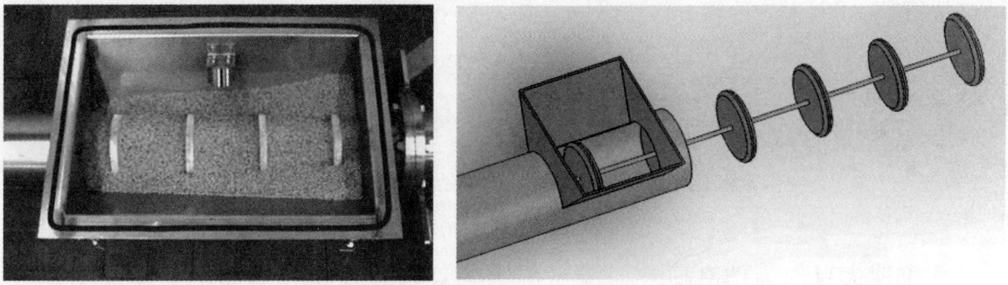

图 4-3 水平盘式管道输送机实体与三维模型

4.2.2 全局变量设置

EDEM 仿真的关键因素是合理确定仿真材料的力学性质，材料属性变量的设定与仿真结果的准确性和仿真历时的长短有密切的关系。其中颗粒与颗粒之间、颗粒与壁面之间的受力计算采用可以利用两物体间相对位置与它们各自受力处曲率半径进行对比并计算法向受力和切向受力的 Hertz 模型，该模型能够较好地反映硬质刚性物体间的力学行为特点[15,16]。在理论计算及查阅资料的基础上，最终确定如大豆颗粒属性、料槽壁面属性及大豆与料槽壁之间相互作用属性等仿真过程中的重要计算参数，表 4-1 为大豆与料槽材料属性，表 4-2 为大豆与大豆、大豆与料槽材料的接触属性。

表 4-1 大豆与料槽材料属性[12]

材料	密度/kg · m^{-3}	泊松比	剪切模量/MPa
大豆	1228	0.25	1.04
钢	7800	0.30	7×10^4

表 4-2 材料接触属性[12]

接触体	静摩擦系数	滚动摩擦系数	恢复系数
大豆-大豆	0.45	0.05	0.6
大豆-钢	0.3	0.01	0.6

4.2.3 大豆颗粒建模

颗粒材料一般被分为粉体物料和散体物料两大类，广泛存在于大自然与工程实际中，如图 4-4 所示。粉体物料和散体物料都是由大量细小颗粒组成的，由于颗粒单元之间存在的相互作用，使颗粒材料宏观上表现出的物理性质与液体、固体、气体的常见物质形态有较大差别。了解散体物料物质性如振动分离现象、物质态特性、拱效应、自组织现象、谷仓效应等物质性，有助于对其输送机理的研究[17]。

图 4-4　散体物料

本书取大豆作为仿真研究对象，因为大豆颗粒建模相对简单且实验时易于获取。

大豆是重要的农业产品，并且具有经济作物和粮食作物的双重属性。大豆含有丰富的植物蛋白，在我国是重要的粮食作物。大豆可以榨油，是重要的油料作物，大豆油是我国老百姓日常烹饪的重要用油，同时大豆又是我国养殖行业的重要饲料原料。2017 年，我国共消费使用 11059 万吨大豆。中国是大豆的原产国，我国栽培大豆的历史已经超过 5000 年。山西省是我国大豆生产历史悠久的省份之一。目前大豆种植面积约 25 万公顷，年总产量约 3.5 亿公斤。大豆在输送过程中的损伤高达 20%以上，分为破碎、两瓣和破皮等外部损伤和内部损伤，破碎的大豆容易在分选和输送过程中耗掉而造成直接经济损失，且大豆品质下降，容易失油、细菌感染、吸湿，增加了病虫和霉菌侵袭的敏感性，缩短储存期，严重影响大豆储藏及食用价值，影响出售价格，经济上造成一定的损失。使用 EDEM 软件仿真盘式管道输送机输送大豆的过程，实验结果有助于分析大豆在输送过程中的运动情况，本实验结果表明，使用盘式管道输送机输送大豆时，大豆在输送过程中破损率小，从而降低了经济损失，提高了经济效益，为促进山西经济的发展、推广盘式管道输送机在山西省粮食输送方面的应用打下基础。

大豆颗粒含水率不同，导致其内部组织、机械强度也不同，细微的含水率差别都会对大豆的物理性质产生显著影响，大豆含水率高时内部组织变软、强度下降、更容易破裂，受压容易变形且破裂强度随之下降；反之，含水率低时内部组织变硬、强度提高、抵抗破裂能力变强，但表现出明显的脆性[18]。如果忽略不计大豆颗粒之间的相互作用力，会导致理论计算与实际情况之间有一定的偏差产生。为了更准确地描述大豆的输送过程，将连续介质离散化为颗粒单元，以确保计算结果的准确性和可靠度。

应用 EDEM 软件对盘式管道输送机输送大豆进行系统分析和模拟仿真，与其他设计分析软件相比，可以根据实际的需求对大豆及料槽材料的物理性质进行定义，结合自己常用的软件如 Solidworks 三维制图软件建立仿真模型。

基于 EDEM 采用流体动力学、机械力学等多学科综合的求解方式，充分考虑颗粒单元之间、颗粒单元与料槽壁之间碰撞、恢复、摩擦等因素，通过添加物料性质、力学性质和其他物理性质建立颗粒单元模型，解决了颗粒单元之间以及颗粒单元与料槽壁之间的力无法计算的问题[6,10]，因此将 EDEM 仿真技术应用于圆盘管管道刮板输送机大豆物料输送的研究具有技术上的可行性。

为了能够更加真实准确地模拟盘式管道输送机输送大豆时的运行情况，采用四面构型方法创建椭球体颗粒模型，如图 4-5 所示，而不是简单地采用球体来替代大豆颗粒，其中各面坐标的参数设置如表 4-3 所示。材料选取为表 4-1 和表 4-2 中所设置的大豆颗粒并自动获取其余属性。

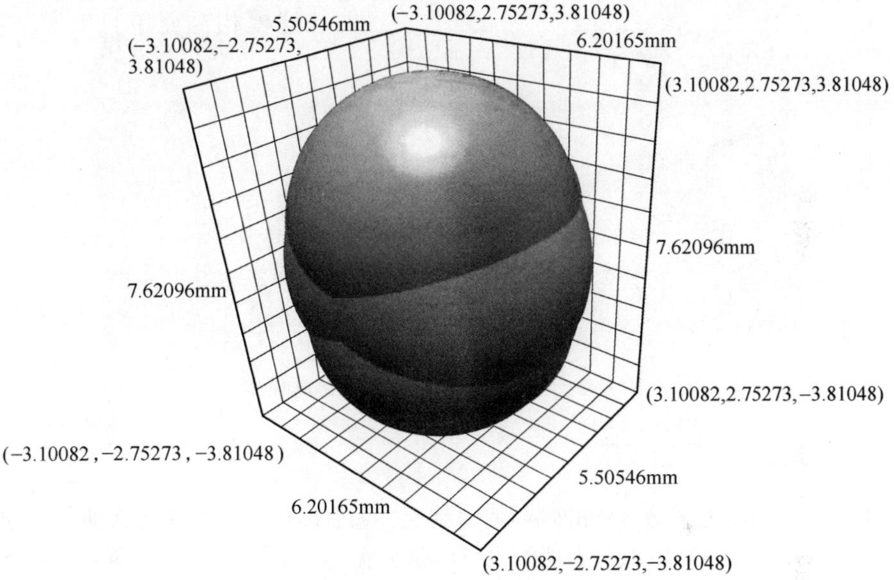

图 4-5 大豆颗粒模型

表 4-3 颗粒体参数设置

属　性	数　值
颗粒半径/mm	2.75
面 0（x、y、z）/mm	−0.001103、−0.350525、−0.001557
面 1（x、y、z）/mm	−0.000929、0.349475、−0.00193
面 2（x、y、z）/mm	−0.001261、0.000039、1.05826
面 3（x、y、z）/mm	−0.000771、−0.001089、−1.06174
质量/kg	0.000176
体积/m^3	1.4352×10^{-7}
绕 x 轴转动惯量/kg · m^2	8.6617×10^{-10}
绕 y 轴转动惯量/kg · m^2	8.35311×10^{-10}
绕 z 轴转动惯量/kg · m^2	6.18064×10^{-10}

4.2.4　导入几何模型

将 Solidworks 中水平盘式管道输送机三维模型保存为 IGS 格式并导入 EDEM，如图 4-6 所示，为能够方便、快捷、有效地设定动力学特性，对该几何模型的机械组成进行了集成，将其分为平动件和固定件两大部分，刮板以及钢丝绳为平动部分，料槽和颗粒工厂为固定部分。其中，定义长方框部分为仿真区域，因为颗粒体积小、数量多，在不影响仿真结果的情况下缩小仿真区域可以减少计算量，大大缩短了仿真时间。

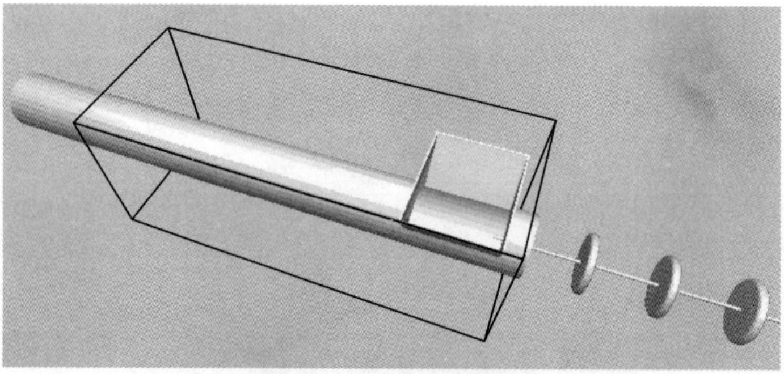

图 4-6　水平盘式管道输送机仿真模型

4.2.5　创建并定义颗粒工厂

颗粒工厂用以定义仿真中的颗粒何时出现、怎么出现、出现在什么地方，颗粒工厂必须基于几何体，既可以是虚拟的也可以是真实的。本模型中，在漏斗顶部创建一个虚拟的矩形颗粒工厂，以此来定义模型中产生颗粒的区域[19]。设定以动态方式生成颗粒工厂，需综合考虑盘式管道输送机几何模型管道直径、牵引构件运行速度、填充率要求以及大豆颗粒生成速度等因素设置颗粒数量。本研究颗粒工厂的创建满足生产率 40t/h，盘式管道输送机刮板直径 200mm，刮板链条运行速度及物料填充率要求见表 4-4。输送大豆设定颗粒产生总数为 32000 个，产生速率为 10000 个/s，颗粒直径大小服从正态分布方式。同时，为防止一直停留在颗粒生成过程中无法进入工作仿真过程，因此设定放置颗粒的最大尝试次数为 20 次[15]。

表 4-4　盘式管道输送机及仿真基本参数

输送机基本参数	刮板链条运行速度 v/m · s^{-1}	填充率 η/%
Q=40t/h L=25m γ=12280N/m 刮板直径 D=200mm 刮板间距 t=184mm	0. 38	75
	0. 47	60
	0. 57	50

4.2.6 时间参数

EDEM 是一种迭代求解方法，迭代时间步长、仿真计算时间以及计算网格尺寸的确定直接关系到计算过程的稳定性。EDEM 假设在一个时间步长内，颗粒单元的加速度不变。假如选太大的时间步长，会使颗粒单元接触过程描述的不精确，数值计算发散；如果选太小的时间步长，又会使计算量陡增，所以选定合适的计算时间步长显得尤为重要。如果网格尺寸划分过大，就会使计算机无法准确判断颗粒与颗粒之间、颗粒与几何体之间是否发生接触行为，使仿真结果的准确性受到严重的影响，由于每一步误差不断叠加使最终输出的数据产生较大偏差。网格尺寸划分越小，理论上计算结果就越准确，但计算机的负载会随着网格细化呈指数增长，使仿真时间大幅延长[20]。

研究表明颗粒单元之间的接触碰撞，总能耗的 70% 是通过瑞利波（Rayleigh wave）消耗的，所以临界时间步长应该依据沿球形颗粒单元表面传播的瑞利波速度来确定。

瑞利波传播时，颗粒表面质点做椭圆运动，见图 4-7，并且瑞利波在颗粒表面上的能量最强，随着深度的增加而逐步减弱。

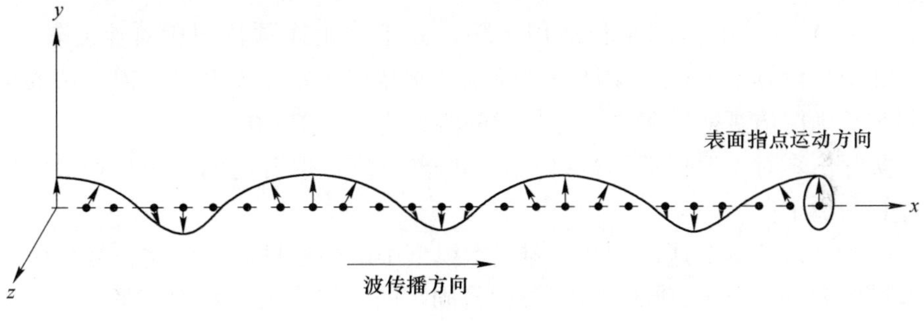

图 4-7 颗粒表面瑞利波传播示意图

在弹性固体颗粒表面传播时，瑞利波波速 v_R 为：

$$v_R = \beta\sqrt{\frac{G}{\rho}} \tag{4-1}$$

式中 G——颗粒的剪切模量；

ρ——颗粒的密度；

$\sqrt{\frac{G}{\rho}}$——该颗粒内横波波速；

β——瑞利波方程的根。

$$(2-\beta^2)^4 = 16(16-\beta^2)\left[1-\frac{1-2\nu}{2(1-\nu)}\beta^2\right] \tag{4-2}$$

式中　ν——颗粒材料的泊松比。

β 的近似解为：

$$\beta = 0.163\nu + 0.877 \tag{4-3}$$

瑞利波波速进一步写为：

$$v_R = (0.163\nu + 0.877)\sqrt{\frac{G}{\rho}} \tag{4-4}$$

颗粒单元之间的接触作用应仅限于发生碰撞的两个颗粒单元上，而不应该通过瑞利波传递到其他颗粒单元上，则时间步长应小于瑞利波传递半球面所需要的时间 Δt，并有：

$$\Delta t = \frac{\pi R}{v_R} = \frac{\pi R}{0.163\nu + 0.877}\sqrt{\frac{\rho}{G}} \tag{4-5}$$

式中　v_R——弹性固体颗粒单元表面的瑞利波波速。

不同颗粒组成的系统，时间步长为：

$$\Delta t = \pi\left(\frac{R}{0.163\nu + 0.877}\sqrt{\frac{\rho}{G}}\right)_{\min} \tag{4-6}$$

式（4-6）计算的时间步长适用于颗粒处于静止或颗粒间相对速度较小时，可以保证仿真计算不发散。在计算颗粒运动剧烈程度差异较大时，需要选取合适的时间步长确保仿真的准确性，比如时间步长为（0.01~0.1）Δt。

在实际仿真时，要依据颗粒单元运动剧烈程度选取合适的时间步长，以保证数值计算的稳定性。

时间步长是求解器迭代时间。鉴于本模型中的颗粒排列较紧密，故将仿真时间步长设置为 13%（4.20689×10^{-5}s），将固定的时间步长设置为 13%。仿真时间和写出时间的设置，直接影响仿真速度和数据的产生量，本研究将代表真实时间的总仿真时间设置为 4s，设置写出时间间隔为 0.01s。

虽然网格单元数目不影响仿真的结果，但直接影响仿真达到结果的时间，本研究设置网格大小为 $4R_{\min}$。

4.2.7　运行仿真

完成模型导入及参数设定之后，仿真过程由计算机完成，不需人工干预。

图 4-8 中，图（a）定义了仿真区域，图（b）给出了仿真结果输出和分析单元（图中深色部分）。

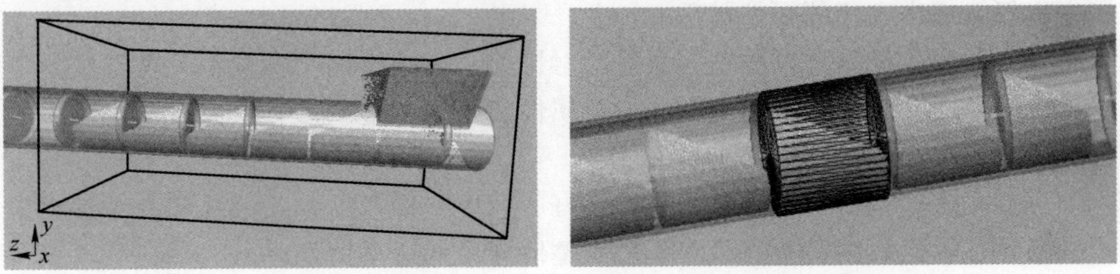
(a)　　(b)

图 4-8　盘式管道输送机三维模型及物料填充

(a) 仿真区域；(b) 仿真结果输出分析单元

4.3　颗粒动力学计算

离散元素法在解决连续介质力学问题时，在满足边界条件的基础上，还必须满足本构方程、平衡方程和变形协调方程。通过循环计算的方式进行离散元数值计算，跟踪计算材料颗粒单元的移动状况，每次循环包括两个主要的计算步骤，计算关系如图 4-9 所示。

(1) 通过作用力与反作用力原理和相邻颗粒单元间的接触本构关系确定颗粒单元之间的接触力和相对位移；

(2) 根据牛顿第二定律确定由相对位移在相邻颗粒单元间产生的新的不平衡力，直至要求的循环次数或颗粒单元移动趋于稳定或颗粒单元受力趋于平衡，并且计算过程按照步长迭代遍历整个颗粒单元体，根据需要自行设定计算时间的长短[15]。

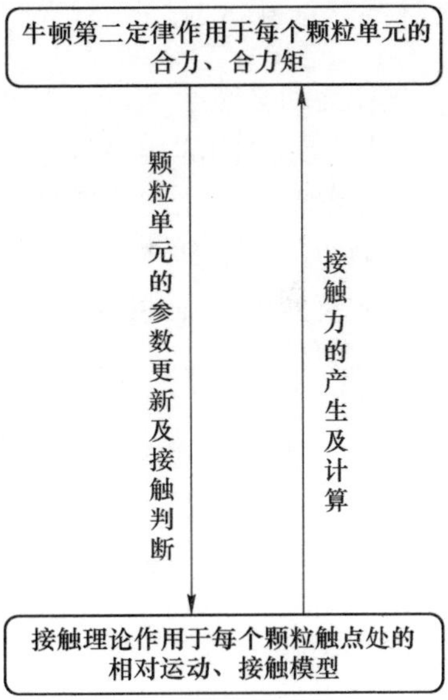

图 4-9　EDEM 计算关系

4.3.1　颗粒接触理论

4.3.1.1　模型假设

离散元素法把离散体看做具有一定形状和质量的离散颗粒单元的集合，每个颗粒为一个单元。为了便于分析，作如下假设：

(1) 整个计算过程颗粒单元是刚性的不是连续运动的，颗粒单元形状不因颗粒单元间的碰撞挤压而变形；

(2) 计算的步长取得足够小，故在一个步长内颗粒单元的加速度、速度和位移等运动参数不变，颗粒单元仅能以很小的位移与其相邻的颗粒单元作用，且作用力也仅能传递到相邻颗粒单元；

（3）一个步长内，颗粒单元只受接触影响，碰撞的两个颗粒单元被看成是可以重叠的弹性体，通过接触力学、材料属性和几何重叠量计算求得接触时产生的法向力、切向力及摩擦力；

（4）完成一个步长计算后，用计算好的速度、加速度以及位移和力等参数来校准颗粒单元的位移参数，最终模拟出整体介质的运动情况。

离散元素法为具有复杂交互作用的不连续系统提供了一个三维模拟方法，其中最重要的一点是用高效的计算方法来判定三维颗粒单元之间的接触，所表述接触的形式可以是任意形状颗粒之间的接触，并且可以表述接触的几何特征和物理特征。

4.3.1.2　颗粒单元的属性

颗粒单元具有几何和物理两种类型的基本特征：

（1）颗粒单元的几何特征主要有外形、尺寸以及初始排列方式等。常用的颗粒单元外形有平面的圆形和椭圆形、立体的圆球体和椭球体及圆柱体等。

（2）颗粒单元的物理性质有质量、温度、湿度、刚度、比热容等。

4.3.1.3　接触模型

颗粒运动必然会引起颗粒单元之间的相互接触，从而颗粒单元之间有力产生。颗粒单元之间的接触问题非常复杂，具体表现为接触的短暂性和局部的大变形，而且颗粒单元之间的这种相互作用都涉及材料的塑性变形[21]。离散元素法描述接触的过程就是产生接触和发生作用的过程。

接触模型用来描述颗粒之间的接触行为，接触模型基本原理如图 4-10 所示。

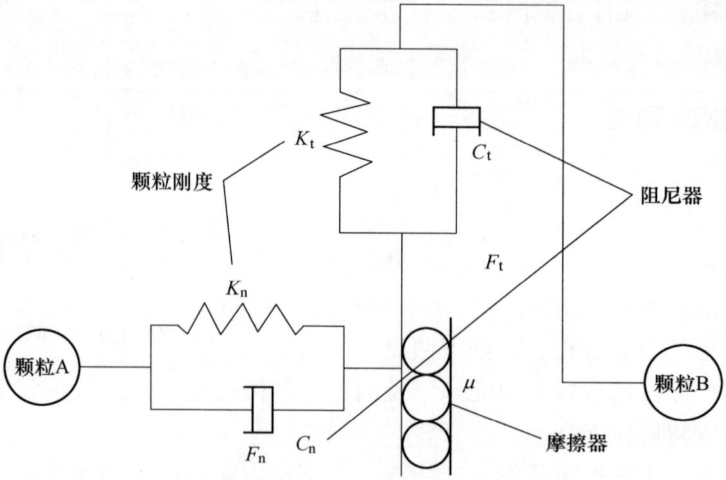

图 4-10　颗粒接触模型简图

在 EDEM 软件中根据不同的工况设置了多种接触模型，根据盘式管道输送机输送物料的特性，主要介绍 Hertz-Mindlin 无滑动接触模型[22]和线性黏结接触模型。

Hertz–Mindlin 无滑动接触模型是 EDEM 中使用的默认模型，在力的计算方面精确高效。在这个接触模型中，法向力分量来自 Hertzian 接触理论，切向力分量来自 Middlin–Deresiewicz 的研究成果。法向力和切向力都具有其阻尼分量。

4.3.2 法向力计算

参考赫兹（Hertz）计算理论，忽略颗粒单元之间的黏结，计算颗粒单元的法向力[11]。假设颗粒单元表面光滑均匀，受力过程中颗粒单元在接触面处发生弹性形变。该模型可用于圆球体、椭球体以及圆柱体的接触计算。

假定相互接触的两个球形颗粒单元半径为 R_1 和 R_2，在接触点所在法向平面内产生弹性形变，如图 4-11 所示。两球形颗粒单元在法向发生形变，其法向重叠 α 为：

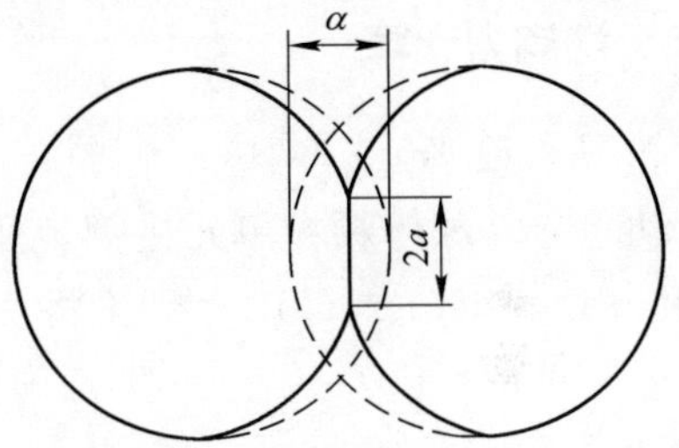

图 4-11 两球体颗粒接触弹性变形示意图

$$\alpha = R_1 + R_2 - |r_1 - r_2| > 0 \tag{4-7}$$

式中 R_1，R_2——两相互接触的球体颗粒单元半径；

r_1，r_2——两相互接触的球体颗粒单元球心位移矢量。

两颗粒单元接触后在接触点处发生弹性变形，两球形颗粒单元表面形成圆形接触面，其圆形半径 a 为：

$$a = \sqrt{\alpha R^*} \tag{4-8}$$

球形颗粒单元法向力 N 为：

$$N = \frac{4}{3}E^* \sqrt{R^* \alpha^3} \tag{4-9}$$

$$N = \frac{4}{3}E^* a\alpha = \frac{4}{3}\frac{E^*}{R^*}a^3 \tag{4-10}$$

$$\frac{1}{R^*} \equiv \frac{1}{R_1} + \frac{1}{R_2} \tag{4-11}$$

$$\frac{1}{E^*} \equiv \frac{1 - \nu_1^2}{E_1} + \frac{1 - \nu_2^2}{E_2} \tag{4-12}$$

式中 R^*——球形颗粒单元有效半径；

E^*——球形颗粒单元有效弹性模量；

E_1，E_2——球形颗粒单元 1 和 2 的弹性模量；

ν_1，ν_2——球形颗粒单元 1 和 2 的泊松比。

当两接触颗粒单元法向平面内的重叠量增加 $\Delta\alpha$ 时，法向力增加 ΔN，并有：

$$\Delta N = 2\sqrt{\alpha R^*}E^*\Delta\alpha = 2aE^*\Delta\alpha \tag{4-13}$$

当颗粒单元与料槽壁接触时，就把料槽壁视为半径无限大的颗粒单元，采用式（4-9）或式（4-10）计算法向力。

4.3.3 切向力计算

如图 4-12 所示，两球形颗粒单元发生接触，并有沿接触表面产生切向滑移的运动趋势。球体颗粒单元接触表面的滑移逐渐开始向颗粒单元内部扩展。根据 Mindlin-Deresiewicz（MD）理论将切向力计算模型做相应的简化。

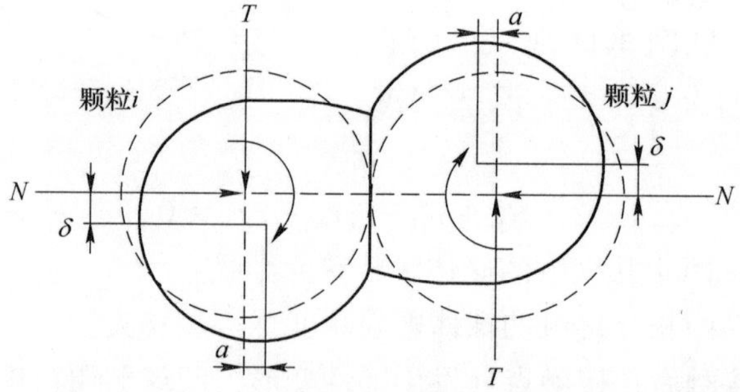

图 4-12 Mindlin-Deresiewicz（MD）理论中两球形颗粒单元的切向接触变形示意图

相互接触的两颗粒单元发生相对切向位移时，切向力的增量可根据式（4-14）进行计算：

$$\Delta T = 8aG^*\theta_k\Delta\delta + (-1)^k\mu(1-\theta_k)\Delta N \tag{4-14}$$

k =0，1，2，分别对应切向力加载、卸载和卸载以后重新再加载的情况。

$$\theta_k = \begin{cases} 1, & |\Delta T| < \mu\Delta N \\ \sqrt[3]{1-\dfrac{T+\mu\Delta N}{\mu N}}, & k=0 \\ \sqrt[3]{1-\dfrac{(-1)^k(T-T_k)+2\mu\Delta N}{2\mu N}}, & k=1,2 \end{cases} \tag{4-15}$$

式中 δ——两颗粒单元接触面上切向位移；

$\Delta\delta$——切向位移的增加量；

T——切向力；

ΔT——切向力的增加量；

μ——球形颗粒单元表面静摩擦系数；

N——法向力；

G^*——球形颗粒单元有效剪切模量。

$$G^* \equiv \frac{2-\nu_1}{G_1}+\frac{2-\nu_2}{G_2} \tag{4-16}$$

式中 G_1，G_2——球形颗粒单元 1 和球形颗粒单元 2 的剪切模量。

$$G_1 \equiv \frac{E_1}{2(1+\nu_1)} \tag{4-17}$$

$$G_2 \equiv \frac{E_2}{2(1+\nu_2)} \tag{4-18}$$

4.3.4 本构方程

本构方程反映了物质的宏观性质，又称物理方程，用来表示颗粒单元介质受力和位移关系，即颗粒单元所受应力和产生应变的关系[23]。散体材料颗粒单元间的相互作用非常复杂。由于球形颗粒单元的接触理论、模型建立相对简单，发展也较为成熟，目前普遍采用的方法是在研究外形复杂的颗粒单元时，对其三维建模后利用球形颗粒单元填充，将外形复杂的颗粒单元间的接触简化成了球形颗粒单元间的接触。该方法在实践中取得了良好的效果。

颗粒单元之间复杂的运动过程通过力和力矩来描述。分析颗粒单元 i，其受力方程为：

$$m_i\frac{\mathrm{d}v_i}{\mathrm{d}t}=m_ig+\sum_{j=1}^{k_i}(F_{\mathrm{c},ij}+F_{\mathrm{d},ij})+N_i \tag{4-19}$$

式中 m_i——颗粒单元 i 的质量；

v_i——颗粒单元 i 的速度；

t——运动时间；

$F_{\mathrm{c},ij}$——颗粒单元间的接触力；

$F_{\mathrm{d},ij}$——颗粒单元间的弹性阻力；

N_i——颗粒单元 i 的体力，一般包括静电场力等外界施加给颗粒单元的场力。

通过式（4-19）能够计算出相互接触的 k 个颗粒单元对颗粒单元 i 的总接触力。

如图 4-13 所示，颗粒单元 i 和 j 相互接触，简单将两颗粒单元的接触行为认为是点接触。由于颗粒单元 i 受到来自颗粒单元 j 的摩擦力，因此颗粒单元 i 所受扭矩 T_i 为：

$$T_i = R_i(F_{\mathrm{ct},\ ij} + F_{\mathrm{dt},\ ij}) \tag{4-20}$$

从而得到颗粒单元 i 的旋转控制方程：

$$I_i \frac{\mathrm{d}\omega_i}{\mathrm{d}t} = \sum_{j=1}^{k_i} (T_i + M_i) \tag{4-21}$$

式中 T_i——颗粒单元 i 所受扭矩，N · m；
R_i——由颗粒单元质心指向接触点的矢量；
$F_{\mathrm{ct},ij}$——颗粒单元间切向方向的接触力；
$F_{\mathrm{dt},ij}$——颗粒单元间切向方向的弹性阻力；
ω_i——颗粒单元 i 旋转角速度，rad/s；
I_i——颗粒单元 i 的转动惯量，kg · m^2；
M_i——颗粒单元 i 的滚动摩擦力矩，N · m。

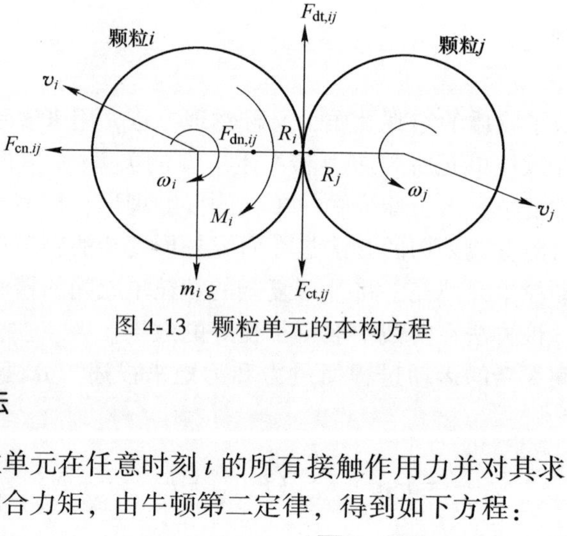

图 4-13 颗粒单元的本构方程

4.3.5 中心差分法

考虑任一颗粒单元在任意时刻 t 的所有接触作用力并对其求和，得到颗粒单元上作用的合力和合力矩，由牛顿第二定律，得到如下方程：

$$\ddot{x}_i(t) = \frac{\partial \dot{x}_i(t)}{\partial t} = \frac{\left(\sum F(t)\right)_i}{m_i}$$

$$\ddot{\theta}_i(t) = \frac{\partial \dot{\theta}_i(t)}{\partial t} = \frac{\left(\sum T(t)\right)_i}{I_i} \tag{4-22}$$

式中 $x_i(t)$，$\sum F(t)$，m_i——分别表示 i（i=1，2，3，…，n）颗粒单元 t 时刻的位移、力和质量；
I_i，$\theta_i(t)$，$T(t)$——分别表示颗粒单元 i 在 t 时刻的转动惯量、角位移和力矩。

对时刻 t 的加速度用中心差分格式表示为:

$$\frac{\partial \dot{x}_i(t)}{\partial t} = \frac{\dot{x}_i\left(t + \frac{\Delta t}{2}\right) - \dot{x}_i\left(t - \frac{\Delta t}{2}\right)}{\Delta t}$$

$$\frac{\partial \dot{\theta}_i(t)}{\partial t} = \frac{\dot{\theta}_i\left(t + \frac{\Delta t}{2}\right) - \dot{\theta}_i\left(t - \frac{\Delta t}{2}\right)}{\Delta t} \tag{4-23}$$

将式（4-21）代入式（4-22）得:

$$\dot{x}_i\left(t + \frac{\Delta t}{2}\right) = \dot{x}_i\left(t - \frac{\Delta t}{2}\right) + \frac{\left(\sum F(t)\right)_i}{m_i}\Delta t$$

$$\dot{\theta}_i\left(t + \frac{\Delta t}{2}\right) = \dot{\theta}_i\left(t - \frac{\Delta t}{2}\right) + \frac{\left(\sum T(t)\right)_i}{I_i}\Delta t \tag{4-24}$$

由 $t + \frac{\Delta t}{2}$ 时刻的速度得到 $t + \Delta t$ 时刻的位移:

$$x_i(t + \Delta t) = x_i(t) + \dot{x}_i\left(t + \frac{\Delta t}{2}\right)\Delta t$$

$$\theta_i(t + \Delta t) = \theta_i(t) + \dot{\theta}_i\left(t + \frac{\Delta t}{2}\right)\Delta t \tag{4-25}$$

这样，单元 i 就移动到一个新的位置，并产生新的接触力和接触力矩，计算其合力 $\left(\sum F(t + \Delta t)\right)_i$、合力矩 $\left(\sum T(t + \Delta t)\right)_i$，返回式（4-24）重新计算。该过程一直循环下去，便可得到各个颗粒单元的运动性态。式（4-22）~式（4-25）即为 Cundall 建立的以牛顿第二定律为基本出发点的离散元素法差分方程。

对 $t = 0$ 时，颗粒单元速度初值 $\dot{x}\left(-\frac{\Delta t}{2}\right)$ 和 $\dot{\theta}\left(-\frac{\Delta t}{2}\right)$ 通过下面方法得到:

$$\ddot{x}_i(0) = \frac{\dot{x}_i(0) - \dot{x}_i\left(-\frac{\Delta t}{2}\right)}{\frac{\Delta t}{2}}$$

$$\ddot{\theta}_i(0) = \frac{\dot{\theta}_i(0) - \dot{\theta}_i\left(-\frac{\Delta t}{2}\right)}{\frac{\Delta t}{2}} \tag{4-26}$$

将式（4-26）代入式（4-24）得:

$$\dot{x}_i\left(-\frac{\Delta t}{2}\right) = \left(1 + \frac{\Delta t}{2m_i}\right)\dot{x}_i(0) - \frac{\Delta t}{2m_i}\sum F_i$$

$$\dot{\theta}_i\left(-\frac{\Delta t}{2}\right)=\left(1+\frac{\Delta t}{2m_i}\right)\dot{\theta}_i(0)-\frac{\Delta t}{2m_i}\sum T_i \tag{4-27}$$

以上计算过程按照时间步长迭代遍历整个颗粒单元集合，直到每一个颗粒单元都不再出现不平衡力和不平衡力矩为止，通过计算每个颗粒单元在每一步长的位移得出各颗粒单元的运动过程[24,25]。

4.4 仿真结果分析

EDEM 软件在计算过程中采用的模型包括滚动模型、滑动模型、法向振动模型和切向振动模型。仿真颗粒单元的具体物理参数会被计算机转换成仿真模型的特征参数。根据设定好的迭代时间步长，软件对接触的相邻球形颗粒单元的相对位移进行分析计算。

EDEM 计算仿真过程结束后，进入数据处理界面进行 EDEM 数据处理。EDEM 软件能以动态或静态形式将仿真过程直观地展示给人们，通过 EDEM 后处理（Analyst），可以直观地观察物料颗粒在盘式管道输送机料槽内的宏观运动情况。仿真中采集的数据可以直接导出进行分析。

本研究内容主要为盘式管道输送机在不同的填充率及刮板链条运行速度下输送物料时颗粒的运动及链条的受力情况，主要参数有三部分：

（1）颗粒在料槽内不同方向上的运动速度，包含 x 向、y 向、平均速度三个方面；

（2）颗粒在料槽内运动的平均动能；

（3）钢丝绳平均受力。

4.4.1 盘式管道输送机输送过程中颗粒速度分布

在图 3-3（b）和图 4-8（a）所示直角坐标系中，盘式管道输送机模型在右端加料，左端卸料。z 向为刮板链条运行方向，y 向为料槽纵截面方向，x 向为料槽横截面方向。

根据盘式管道输送机输送量不变，分别以 $\eta=75\%$、$v=0.38\text{m/s}$，$\eta=60\%$、$v=0.47\text{m/s}$，$\eta=50\%$、$v=0.57\text{m/s}$ 的填充率和刮板链条运行速度进行模拟，模拟时间为 4s，获得 x 向颗粒速度曲线和 y 向颗粒速度曲线。

理想状态下，盘式管道输送机水平输送物料时，在如图 4-8（a）所示的坐标系中，物料颗粒仅在 z 轴正向有运动速度，而 z 轴正向之外其他方向的颗粒运动速度，均是能量消耗的反映。

图 4-14 所示为 x 向颗粒速度曲线。由图可知，物料输送过程中颗粒在 x 向有运动速度。

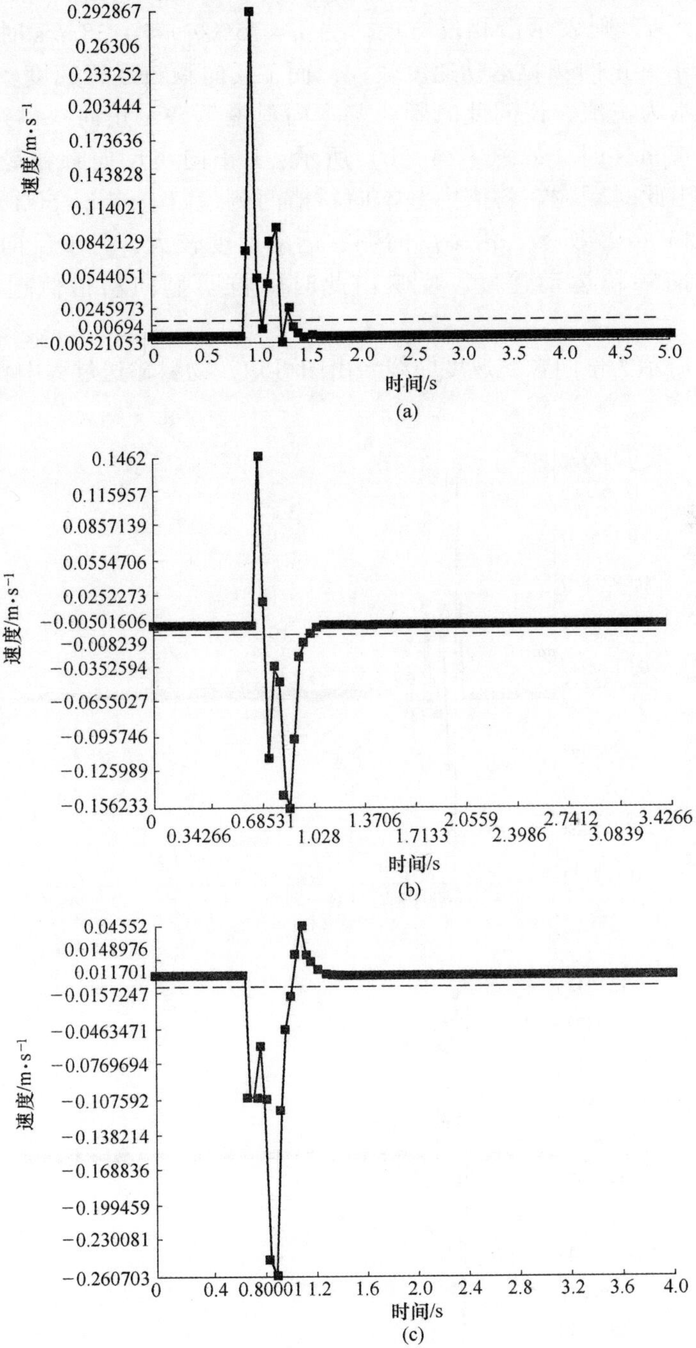

图 4-14　不同填充率 x 向颗粒速度曲线

（a）$\eta=75\%$、$v=0.38\text{m/s}$；（b）$\eta=60\%$、$v=0.47\text{m/s}$；（c）$\eta=50\%$、$v=0.57\text{m/s}$

分析图 4-14，图中速度的“+”和“-”仅表示运动方向，“+”表示沿该方向正向，“-”则表示沿相反方向。当 $\eta=75\%$、$v=0.38\text{m/s}$ 时，如图 4-14（a）所示，沿 x 正向颗粒运动速度较大，而 x 反向颗粒运行速度较小，且颗粒运动速度基本为正值，说明此时颗粒基本向料槽侧壁 x 正向一侧运动。当 $\eta=60\%$、$v=0.47\text{m/s}$ 时，如图 4-14（b）所示，x 正向与反向颗粒最大速度相差不大，反映出此时颗粒在料槽中基本向料槽两侧运行。当 $\eta=50\%$、$v=0.57\text{m/s}$ 时，如图 4-14（c）所示，沿 x 反向颗粒运动速度较大，且 x 反向颗粒运动速度远大于正向颗粒运动速度，反映出此时颗粒明显向料槽侧壁 x 反向一侧运动。

图 4-15 所示为 y 向颗粒速度曲线。由图可知，物料输送过程中颗粒在 y 向有运动速度。

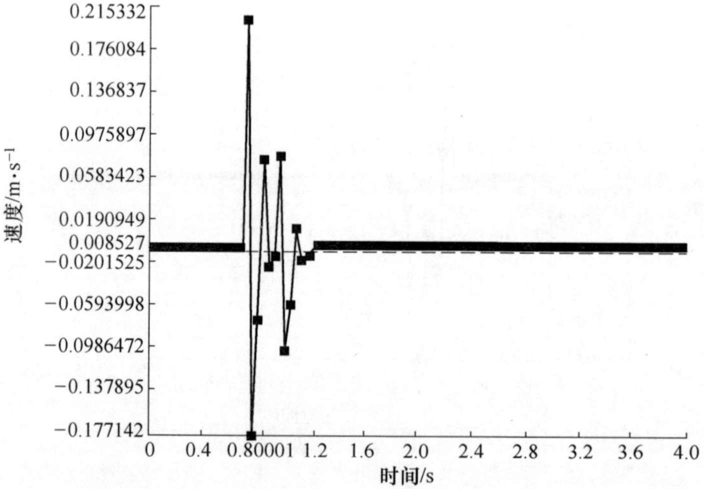

(a)

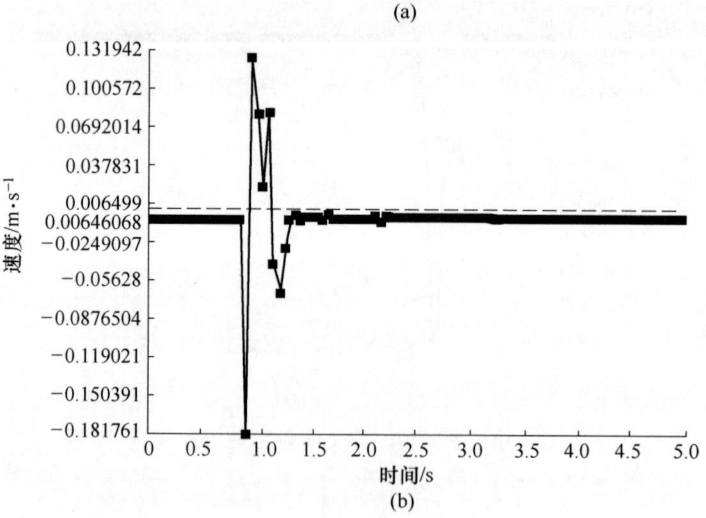

(b)

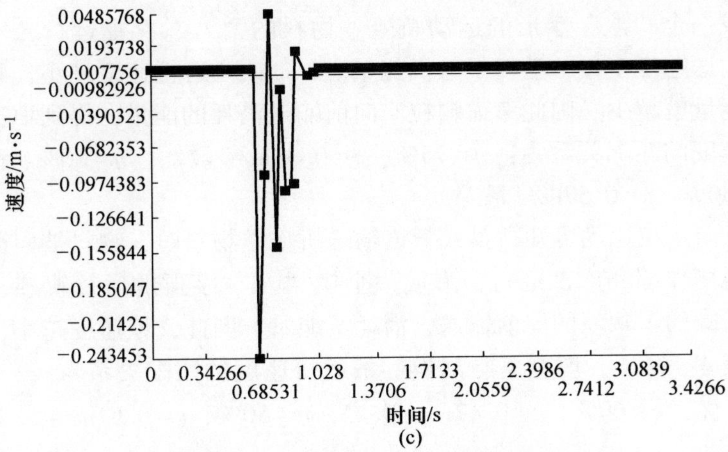

(c)

图 4-15 不同填充率 y 向颗粒速度曲线

(a) η=75%、v=0.38m/s；(b) η=60%、v=0.47m/s；(c) η=50%、v=0.57m/s

分析图 4-15，当 η=75%、v=0.38m/s 时，如图 4-15 (a) 所示，y 向正向与反向颗粒最大速度相差不大，说明颗粒在料槽中向料槽顶部和底部方向均有运动。当 η=60%、v=0.47m/s 时，如图 4-15 (b) 所示，颗粒向下运行最大速度大于颗粒向上运行最大速度，说明此时颗粒向料槽底部运动趋势明显。当 η=50%、v=0.57m/s 时，如图 4-15 (c) 所示，y 向正向与反向颗粒最大速度相差不大，说明颗粒在料槽中向料槽顶部和底部方向均有运动。

由图 4-14、图 4-15 得到不同填充率时颗粒平均速度及颗粒在 x 向和 y 方向运动的最大速度，见表 4-5。

表 4-5 不同填充率下颗粒运动速度

方向		颗粒运动速度/m·s^{-1}		
		η=75% v=0.38m/s	η=60% v=0.47m/s	η=50% v=0.57m/s
x 向	正向最大值	0.292867	0.1462	0.04552
	反向最大值	−0.00521	−0.156233	−0.2607
	平均值	0.00694	0.008393	0.01171
y 向	正向最大值	0.131942	0.048577	0.215332
	反向最大值	−0.18176	−0.24345	−0.17714
	平均值	0.006499	0.007756	0.008527

结合上面的分析由表 4-5 可知，x 向颗粒平均速度，η=75%、v=0.38m/s 时最小，η=60%、v=0.47m/s 时次之，η=50%、v=0.57m/s 时最大。x 向颗粒速

度的存在，说明盘式管道输送机输送物料时，物料被向前输送的同时，会向两侧运行，形成一个“八”字形的运动轨迹。物料的“八”字形运行，使其向前运行减弱，输送速度变慢，消耗了电机能量。x 向颗粒运行速度越小，颗粒 x 向运行消耗的能量就越少。因此考虑颗粒非向前输送消耗的能量，得到填充率与刮板链条运行速度的匹配关系为：$\eta=75\%$、$v=0.38\text{m/s}$ 最优，$\eta=60\%$、$v=0.47\text{m/s}$ 次之，$\eta=50\%$、$v=0.57\text{m/s}$ 最差。

分析 y 向颗粒运动可知，盘式管道输送机输送物料时，物料被向前输送的同时，会向料槽顶部和底部运行，形成一个横“八”字形的运行轨迹，而颗粒的这种运动，减弱了颗粒的向前输送，消耗了能量，因此，该速度越小，消耗能量越少。由表 4-5 得出，填充率与刮板链条运行速度的匹配关系为：$\eta=75\%$、$v=0.38\text{m/s}$ 最优，$\eta=60\%$、$v=0.47\text{m/s}$ 次之，$\eta=50\%$、$v=0.57\text{m/s}$ 最差，该结论与 x 向的一致。

综合 x 向和 y 向颗粒运动速度分析得出以下结论：

（1）盘式管道输送机输送物料时，部分物料颗粒沿输送方向作空间翻转运动，该运动使得盘式管道输送机物料向前运行减弱，输送速度变慢，电机能量损耗增大；

（2）随物料填充率的不同，物料翻转运动速度也不同，$\eta=75\%$、$v=0.38\text{m/s}$ 时物料翻转运动速度最小，$\eta=60\%$、$v=0.47\text{m/s}$ 时物料翻转运动速度次之，$\eta=50\%$、$v=0.57\text{m/s}$ 时物料翻转运动速度最大；

（3）盘式管道输送机输送物料时，随着填充率的降低，颗粒非输送方向的运动速度增大，$\eta=75\%$、$v=0.38\text{m/s}$ 时颗粒非输送方向的运动速度最小，$\eta=60\%$、$v=0.47\text{m/s}$ 时颗粒非输送方向的运动速度次之，$\eta=50\%$、$v=0.57\text{m/s}$ 时颗粒非输送方向的运动速度最大。

4.4.2　盘式管道输送机输送过程中颗粒平均动能

盘式管道输送机在输送物料过程中，物料动能的变化是能量消耗的直接体现，通过分析输送过程中物料颗粒的动能变化来寻求能耗较低的输送参数。

物料被刮板链条带动向前输送，如图 4-16 所示，颗粒运动符合“静态—获得动能—动能变化—动能基本保持稳定不变的稳态运行”这一规律，且物料填充率高时，颗粒处于静止的时间较短，填充率低时，颗粒处于静止的时间较长，且随着填充率的变化，物料颗粒的平均动能也不同。当 $\eta=60\%$、$v=0.47\text{m/s}$ 时，颗粒的最大动能较 $\eta=75\%$、$v=0.38\text{m/s}$ 时的要大，说明此时颗粒在输送过程中不是稳定地随着刮板链条向前运行，当 $\eta=50\%$、$v=0.57\text{m/s}$ 时，颗粒最大动能最大，反映出颗粒在输送过程中伴随有跳跃运动，此时能耗最大。

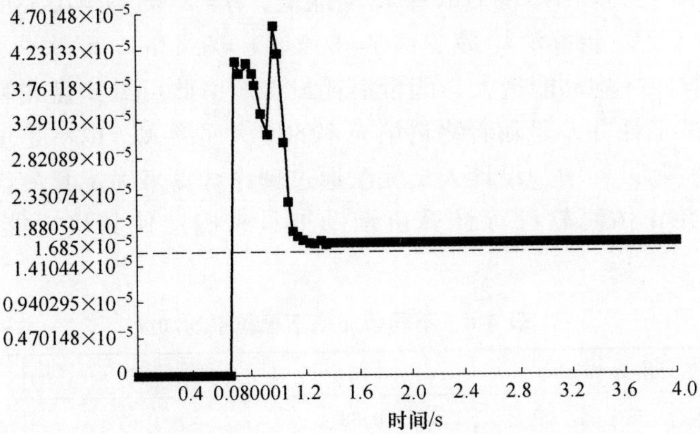

(a)

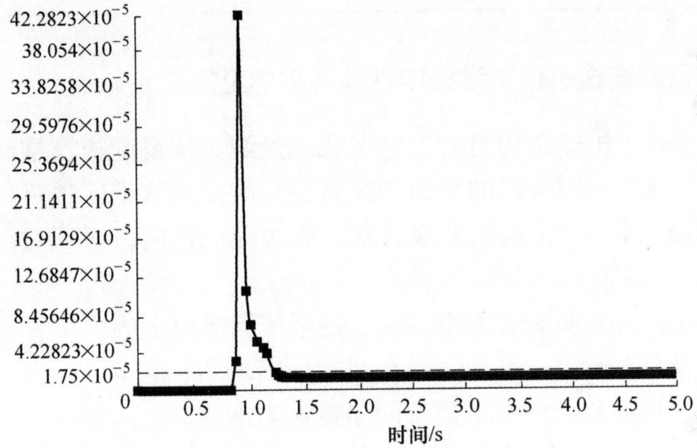

(b)

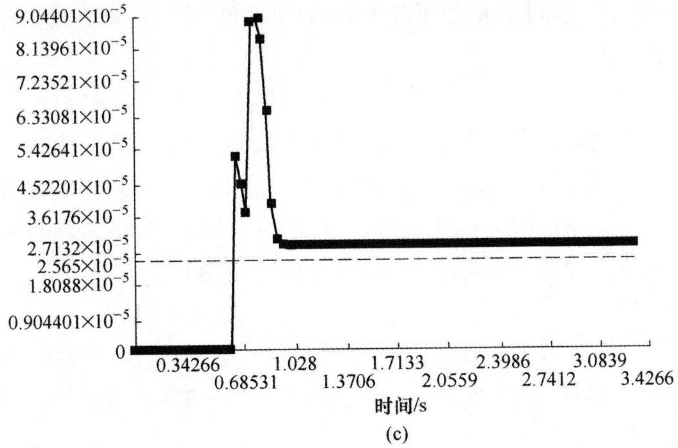

(c)

图 4-16 颗粒动能曲线

(a) $\eta=75\%$、$v=0.38$m/s；(b) $\eta=60\%$、$v=0.47$m/s；(c) $\eta=50\%$、$v=0.57$m/s

由图 4-16 得到表 4-6 的颗粒平均动能值，$\eta = 75\%$、$v = 0.38\text{m/s}$ 时，颗粒平均动能最小，反映能量消耗最少；$\eta = 60\%$、$v = 0.47\text{m/s}$ 时次之；$\eta = 50\%$、$v = 0.57\text{m/s}$ 时颗粒平均动能最大，能量消耗最多。由此可见，盘式管道输送机输送物料时能量的消耗并不是随着物料填充率的增大而增大，也不是填充率越低能量消耗越小，实际设计中，设计人员无法通过理论计算来确定其最佳填充率，只能借助类似 EDEM 仿真软件等计算机辅助工具来确定使其接近能耗最低的运行参数。

表 4-6　不同填充率下颗粒平均动能

物料填充率 η/%	75	60	50
牵引构件运行速度 v/m · s^{-1}	0.38	0.47	0.57
颗粒平均动能/J	1.685×10^{-5}	1.75×10^{-5}	2.565×10^{-5}

4.4.3　盘式管道输送机输送过程中钢丝绳平均拉力

盘式管道输送机输送物料时，链条或钢丝绳是拖曳刮板及推动物料向前输送的关键部件，链条或钢丝绳的受力情况直接影响盘式管道输送机的服役能力和寿命、运行稳定性及功率消耗。在设计盘式管道输送机时，必须对链条或钢丝绳进行受力分析。

盘式管道输送机水平输送物料时，链条或钢丝绳上的力主要包括：

（1）克服刮板链条或刮板钢丝绳自重所需的力；

（2）克服刮板及物料与料槽壁间摩擦所需的力。

由于此处研究水平输送状态，故不考虑弯曲等附加阻力。

图 4-17 给出了不同填充率下钢丝绳受力曲线图，表 4-7 列出了不同填充率下钢丝绳受力平均值。

分析图 4-17，比较（a）、（b）、（c）三图，发现当 $\eta=75\%$、$v=0.38\text{m/s}$ 时，钢丝绳上力的变化较均匀，反映出钢丝绳运行较平稳，动载荷较小；当 $\eta=60\%$、$v=0.47\text{m/s}$ 时，钢丝绳上力的变化类似于 $\eta=75\%$、$v=0.38\text{m/s}$ 时的情况也较均匀；当 $\eta=50\%$、$v=0.57\text{m/s}$ 时，钢丝绳上的力突变严重，力的突变引起了钢丝绳的抖动或振动，进而引起物料在输送过程中的振动，使得运行不平稳，增大功率消耗。

由表 4-7 可知，当 $\eta=75\%$、$v=0.38\text{m/s}$ 时，钢丝绳受力较小；当 $\eta=60\%$、$v=0.47\text{m/s}$ 时，钢丝绳受力要比 $\eta = 75\%$、$v = 0.57\text{m/s}$ 时大；当 $\eta = 50\%$、$v = 0.38\text{m/s}$ 时，钢丝绳受力最大。

在满足输送要求的前提下，链条或钢丝绳受力越小越均匀，其运行便越平稳，能耗便越小。综上所述，盘式管道输送机水平输送物料时，既要对链条或钢

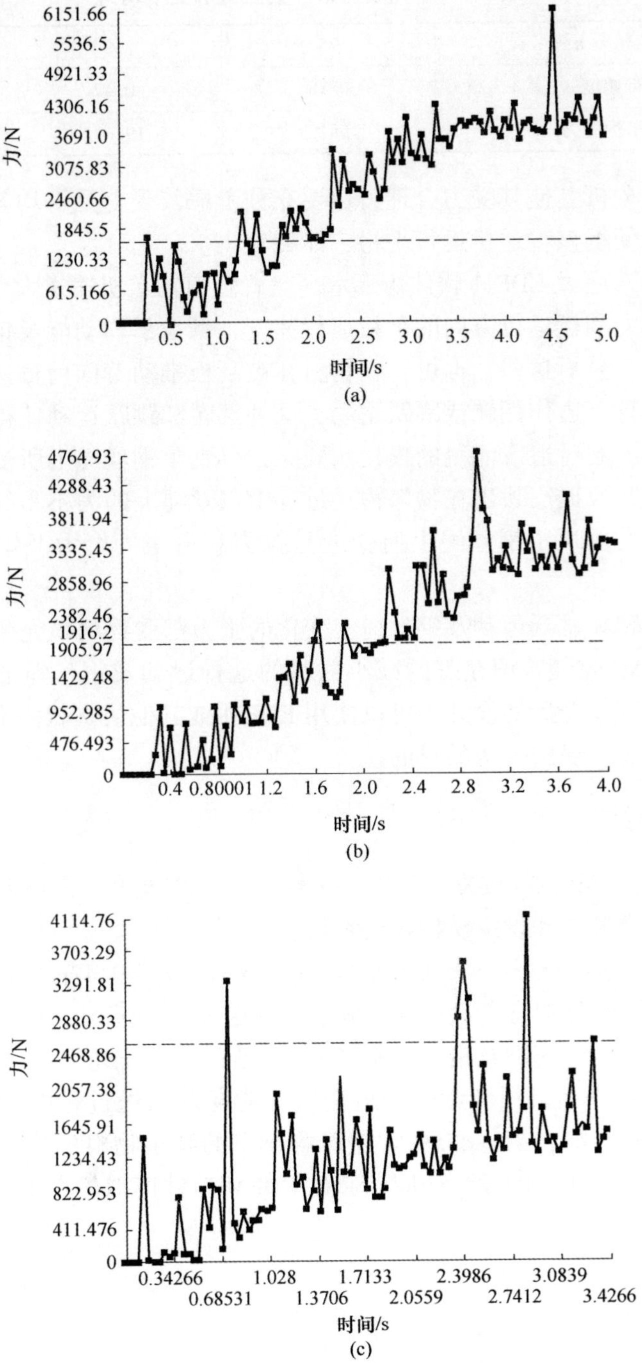

(a)　(b)　(c)

图 4-17　钢丝绳受力

（a）$\eta=75\%$、$v=0.38\mathrm{m/s}$；（b）$\eta=60\%$、$v=0.47\mathrm{m/s}$；（c）$\eta=50\%$、$v=0.57\mathrm{m/s}$

表 4-7　不同填充率下钢丝绳所受平均力

物料填充率 η/%	75	60	50
牵引构件运行速度 v/m · s^{-1}	0. 38	0. 47	0. 57
钢丝绳平均受力/N	1581. 2	1916. 2	2501. 6

丝绳进行受力分析，使其受力合理，也要充分考虑其受力是否均匀，最终运行参数的设定要能使得该输送机运行平稳，能耗较小。

综上所述，通过 EDEM 软件仿真水平盘式管道输送机输送大豆的过程，得到了大豆非钢丝绳刮板运行方向的颗粒运行速度、颗粒平均动能及钢丝绳平均张力值和分布曲线，分析这些数据可知，物料在被刮板推动着向前输送时，一部分颗粒一边向前运行一边作翻转或跳跃运动，这种翻转和跳跃运动使得物料在输送过程中容易破损，同时造成能量的损耗。同时，得到了钢丝绳上所受的张力值及其变化曲线，这些数据反映出在物料输送过程中钢丝绳上的力不是线性变化的。非线性变化的张力反映了钢丝绳上所受的是拉力和弯矩的合力及钢丝绳上存在动载荷。

物料的翻转和跳跃运动及钢丝绳上变化的张力都受物料填充率和运行速度的影响，当 $\eta<75\%$时随着填充率的减小物料的这种运动及钢丝绳上张力的变化都比较明显，所以在今后的设计中可以使用 EDEM 或其他仿真软件来确定合适的填充率，达到节能、稳定输送的目的。

4. 5　本章小结

（1）利用 Solidworks 建立了盘式管道输送机三维模型，采用四面构型方法创建椭球体颗粒模型，并设定模型属性参数。

（2）针对 $\eta = 75\%$、$v = 0.38$m/s，$\eta = 60\%$、$v = 0.47$m/s，$\eta = 50\%$、$v = 0.57$m/s 三种情况分别仿真盘式管道输送机输送大豆的情况，得到大豆颗粒平均动能、不同方向运行速度及钢丝绳所受的平均张力曲线分布图。

（3）分析仿真结果得到盘式管道输送机能耗及输送过程中物料的稳定性都受物料填充率的影响，当 $\eta<75\%$时随着填充率的减小物料的稳定性变差，钢丝绳上张力变大，在实际的设计中应该通过 EDEM 软件模拟仿真实验，寻求最佳的物料填充率。

参 考 文 献

[1] 隋占峰. 振动螺旋干法分选的 DEM 仿真研究 [D]. 徐州：中国矿业大学，2014.

[2] 胡国明．颗粒系统的离散元素法分析仿真［M］．武汉：武汉理工大学出版社，2010.
[3] 常明丰，裴建中．沥青混合料二维数字重构技术及离散元模型［J］．公路，2010（2）：118-122.
[4] 孙萌．计算力学及其工程应用［J］．科技创新导报，2010（30）：85-85.
[5] 王卓．球磨机的磨球直径选择及数值模拟研究［D］．昆明：昆明理工大学，2010.
[6] 姚艳萍，孟文俊，牛帅帅．平底仓系统水平螺旋输送机效率 EDEM 仿真研究［J］．现代制造工程，2015（2）：6-11.
[7] 王国强，郝万军，王继新．离散元素法及其在 EDEM 上的实践［M］．西安：西北工业大学出版社，2010：1-13，59-68.
[8] 侯琳．基于 EDEM 离散元方法的抛丸器工作过程分析［D］．济南：济南大学，2012.
[9] 李媛华．基于离散元技术的球磨机参数优化研究［D］．长春：吉林大学，2009.
[10] Yao Yanping，Meng Wenjun，Kou Ziming. Study horizontal screw conveyors efficiency flat bottomed bins EDEM simulation［J］. Sensors & Transducers，2013，159（11）：282-288.（EI：20141017420669）
[11] 张辉，张永霞．颗粒力学仿真软件 EDEM 简要介绍［J］．CAD-CAM 与制造业信息化，2008（12）：48-49.
[12] 杨公波，李郁，陈定方．基于 EDEM 仿真的斗轮堆取料机取料机理研究［J］．武汉理工大学学报（交通科学与工程版），2014，38（3）：680-683.
[13] 朱萍玉，许沛胜，蒋桂林，等．一种粒状散料定量运送系统的设计与仿真［J］．广州大学学报（自然科学版），2014，13（2）：71-74.
[14] 李勤良．颗粒堆积性质和散状物料转载过程的 DEM 仿真研究［D］．沈阳：东北大学，2010.
[15] 王福林，尚家杰，刘宏新，等．EDEM 颗粒体仿真技术在排种机构研究上的应用［J］．东北农业大学学报，2013（2）：110-114.
[16] 潘振海，王昊，王习东，等．油砂干馏系统的 DEM-CFD 耦合模拟［J］．天然气工业，2008，28（12）：124-126.
[17] 蒋红英，厉玲玲．散体材料结构沉降与自组织现象分析［J］．四川建筑科学研究，2010，36（6）：85~88.
[18] 高连兴，焦维鹏，杨德旭，等．含水率对大豆静压机械特性的影响［J］．农业工程学报，2012，28（8）：40-44.
[19] 李凤颖．煤岩力学性质的离散元数值模拟及应用探讨［D］．成都：成都理工大学，2012.
[20] 杨阳．防筒仓内颗粒结拱的研究［D］．郑州：郑州大学，2011.
[21] 何思明，吴永，李新坡．颗粒弹塑性碰撞理论模型［J］．工程力学，2008（12）：19-24.
[22] Midlin R D. Compliance of elastic bodies in contact［J］. J. Appl. Mech. Trans.，ASME，1949，71：259-268.
[23] 李伟．黏性土基本力学特性微结构机理研究［D］．上海：同济大学，2012.

[24] 李洪昌. 风筛式清选装置理论及试验研究 [D]. 镇江：江苏大学，2011.
[25] 李宇红. 基于离散元仿真的管道刮板输送机研究 [D]. 太原：太原科技大学，2006.

本章获批项目：

1. 校博士启动基金，20162008，《基于离散元仿真的管链输送机输送机理研究》.

2. 山西省基础研究计划项目，2015021116，《基于散装物料 EDEM 分析的新型管道刮板输送机运行参数研究》.

5 盘式管道输送机的 TOPSIS 评价

5.1 概述

一台输送机在满足生产要求的前提下，其运行参数有多种匹配关系，例如，链斗式提升机的链条运行速度与斗容、斗距的匹配，通用带式输送机的带速与带宽的匹配，圆管带式输送机的带速、管径与填充率的匹配等，这些参数的确定直接影响输送机整机的运行性能、输送效率及设备占地面积和投资，而一般的设计手册仅给出这些参数的匹配系列，对于哪种匹配更优，没有深入的研究。所以，大多数设计人员在面对这些设计方案时，往往是根据用户提出的一个既定参数或根据自己的经验确定一个参数，进而选择一种匹配进行该输送机的设计、计算。这种经验式的设计方法，只是满足了生产要求，而没有考虑整机的性能和物料在输送过程中的运行情况。也有设计人员对各匹配方案进行分析，通过三维建模和计算机软件模拟仿真得到各匹配方案运行数据，并进行比较从中选择较优方案，但这种方法要求设计人员不仅会合理建模还要掌握仿真软件，实际中掌握并能熟练应用该技能的设计人员也并不多，这就使得输送机的设计存在很大的主观性。

盘式管道输送机的整机性能是一个动态的、复杂的问题，受效益、环保、设计、制造、安装、使用等多种因素的影响，到目前为止，仍然没有一套通用的指标体系评价其整机性能。参考埋刮板输送机国家标准 GB/T 10596—2011 及行业或企业内部标准，同时参照“十三五”发展规划，满足当前国内国际节能减排，绿色高效的发展要求，提出以下两类指标组成的指标体系：

（1）技术可行性指标。技术可行主要指在满足生产要求的前提下，盘式管道输送机的各项指标均符合国标和行业标准相关规定，这是设计盘式管道输送机的基本前提。这类指标主要包括盘式管道输送机物料填充率、刮板链条运行速度等。

（2）经济合理性指标。经济合理是指在技术可行的前提下，盘式管道输送机运行费用比较合理，不超过该输送机的平均费用。这类指标主要包括盘式管道输送机的运行功率、运行噪声、物料破损率等。同时定义：在满足一定生产率的前提下，盘式管道输送机功率消耗较低、噪声相对较小、物料在输送过程中破损率较小或不被破损时其整机性能相对较优[1]。评价，是人们依据一定的标准和目的对评价对象进行认识的活动。目前，常用的评价方法有模糊综合评价法、正交试验法、多属性决策法等。其中，模糊评价法计算过程复杂，不但需要一定的数学知识作基础，并且对评价指标权重的确定主观性较强；正交试验法，是通过试验的方法找到多种指标的最佳匹配方案，与本书研究的从已有方案中找到匹配最优的方案不同；多属性决策是研究已知方案的评价选择问题[2]，符合本书的研究意图。

决策是人们为达到某种目标或目的在众多的可行方案中依据一定的标准进行选择的过程，是一种认识现状、指导行动的动态过程。决策一般指的是多准则决策（Multiple Criteria Decision Making，MCDM），是解决复杂问题的有效分析方法，分为多目标决策（Multiple Objective Decision Making，MODM）和多属性决策（Multiple Attribute Decision Making，MADM），两者特征如表 5-1 所示[2,3]。

表 5-1 多目标决策与多属性决策的区别

项目	多目标决策	多属性决策
准则形式	目标	属性
准则特征	与决策变量直接联系的明确目标	与方案不直接联系的隐含目标
方案特征	无限数目，连续，产生方案	有限数目，离散，预定方案
约束条件	以显式给出的变动条件	合并到属性中的不变动条件
适用范围	设计问题	选择/评价问题

多属性决策（MADM）方法在经济、管理、工程设计、医药卫生、环境评估和军事等领域中有着如经济效益评价、投标招标、项目评估、工业方案决策、疾病医疗后果、工厂选址、影响环境因素排序等广泛的应用。多属性决策通常涉及决策矩阵的规范化、各属性权重的确定及方案的综合排序三方面的内容，常用方法有简单线性加权法（SAW）、理想点法（TOPSIS）、层次分析法（AHP）、ELECTRE 法等[4]。其中，层次分析法，需要确定各指标对评价目标的影响，对于盘式管道输送机评价的最大难题就是多指标性，而且很难直接比较其优劣，要对两个指标之间的重要程度作比较判断难于实现。TOPSIS 评价法具有直观的几何意义，能够充分利用原始数据，集中反映总体情况、进行综合分析评价，信息损失比较少，具有普遍适用性，是一种有效的多属性决策方法，在评价医疗卫生质量、房地产投资选址、企业经济效益、煤矿方案评价等方面都已得到广泛的应用。

5.2 TOPSIS 法

5.2.1 TOPSIS 法的基本原理

逼近理想解的多属性决策方法 TOPSIS（Technique for Order Preference by

Similarity to Ideal Solution，简称 TOPSIS）是于 1981 年由 Ching-Lai Hwang 和 Kwangsun Yoon 首次提出的[5]。

TOPSIS 法是根据有限个评价对象与理想化目标的接近程度进行排序的方法，是在现有的对象中进行相对优劣的评价[6]。主要通过构造多属性决策问题的"正理想解"（Linguistic Positive Ideal Solution，简称 LPIS）和"负理想解"（Linguistic Negative Ideal Solution，简称 LNIS）计算各方案与 LPIS 和 LNIS 的距离，以靠近 LPIS 和远离 LNIS 作为评价依据给方案集中的各方案排序，从而选出最优方案[7,8]。其中 LPIS 是一个方案集中并不存在的虚拟的最佳方案，它的每个属性值都是决策矩阵中该属性的最好的值；LNIS 则是虚拟的最差方案，它的每个属性值都是决策矩阵中该属性的最差的值[9~13]。

5.2.2 传统的 TOPSIS 法

图 5-1 是 TOPSIS 评价方法的计算流程图[14]。

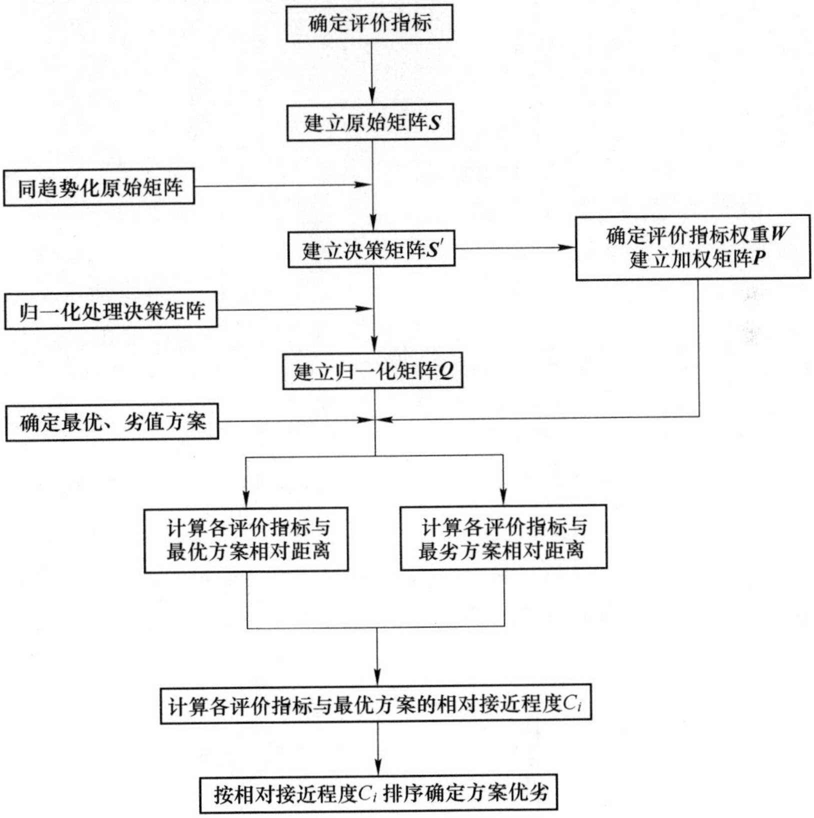

图 5-1 TOPSIS 计算流程图

5.2.2.1　数学模型

处理多属性最优化问题时，设评价目标有 m 个(即有限个方案)A_1，…，A_i，…，A_m，每个目标有 n 个评价指标(属性)S_1，…，S_j，…，S_n，原始数据形式见表 5-2，多属性决策问题的数学模型为式（5-1），则原始数据矩阵 $\boldsymbol{S}$ 为式(5-2)。

表 5-2　多属性原始数据

评价目标	评价指标 1	…	评价指标 j	…	评价指标 n
1	s_{11}	…	s_{1j}	…	s_{1n}
…	…	…	…	…	…
i	s_{i1}	…	s_{ij}	…	s_{in}
…	…	…	…	…	…
m	s_{m1}	…	s_{mj}	…	s_{mn}

$$\boldsymbol{S} = \{s_{ij} \mid i = 1,\ 2,\ \cdots,\ m;\ j = 1,\ 2,\ \cdots,\ n\} \tag{5-1}$$

$$\boldsymbol{S} = \begin{matrix} \\ A_1 \\ \vdots \\ A_i \\ \vdots \\ A_m \end{matrix} \begin{matrix} \begin{matrix} S_1 & \cdots & S_j & \cdots & S_n \end{matrix} \\ \begin{bmatrix} s_{11} & \cdots & s_{1j} & \cdots & s_{1n} \\ \vdots & \cdots & \vdots & \cdots & \vdots \\ s_{i1} & \cdots & s_{ij} & \cdots & s_{in} \\ \vdots & \cdots & \vdots & \cdots & \vdots \\ s_{m1} & \cdots & s_{mj} & \cdots & s_{mn} \end{bmatrix} \end{matrix} \tag{5-2}$$

式中　s_{ij}——第 i 个方案 A_i 的第 j 项属性值。

5.2.2.2　计算步骤

（1）将原始评价指标同趋势化：将原始数据矩阵（5-2）中的低优指标值 s_{ij} 应用倒数法或差值法转换为高优指标值，得到同趋势化后的决策矩阵 $\boldsymbol{S}'$。其中倒数法 $s'_{ij} = 1/s_{ij}$ 多适用于绝对数指标，差值法 $s'_{ij} = 1 - s_{ij}$ 或 $s'_{ij} = 100 - s_{ij}$ 多适用于相对数指标。同趋势化后的决策矩阵 $\boldsymbol{S}'$ 为：

$$\boldsymbol{S}' = \begin{bmatrix} s'_{11} & \cdots & s'_{1j} & \cdots & s'_{1n} \\ \vdots & \cdots & \vdots & \cdots & \vdots \\ s'_{i1} & \cdots & s'_{ij} & \cdots & s'_{in} \\ \vdots & \cdots & \vdots & \cdots & \vdots \\ s'_{m1} & \cdots & s'_{mj} & \cdots & s'_{mn} \end{bmatrix} \tag{5-3}$$

根据 DELPHI 法获取专家群体对属性的信息权重矩阵 $\boldsymbol{W}$，形成加权判断矩

阵 $\boldsymbol{P}$。

$$\boldsymbol{P}=\boldsymbol{S}'\cdot\boldsymbol{W}=\begin{bmatrix} s'_{11} & \cdots & s'_{1j} & \cdots & s'_{1n} \\ \vdots & \cdots & \vdots & \cdots & \vdots \\ s'_{i1} & \cdots & s'_{ij} & \cdots & s'_{in} \\ \vdots & \cdots & \vdots & \cdots & \vdots \\ s'_{m1} & \cdots & s'_{mj} & \cdots & s'_{mn} \end{bmatrix}\begin{bmatrix} w_1 & \cdots & 0 & \cdots & 0 \\ \vdots & \cdots & \vdots & \cdots & \vdots \\ 0 & \cdots & w_i & \cdots & 0 \\ \vdots & \cdots & \vdots & \cdots & \vdots \\ 0 & \cdots & 0 & \cdots & w_n \end{bmatrix}=\begin{bmatrix} p_{11} & \cdots & p_{1j} & \cdots & p_{1n} \\ \vdots & \cdots & \vdots & \cdots & \vdots \\ p_{i1} & \cdots & p_{ij} & \cdots & p_{in} \\ \vdots & \cdots & \vdots & \cdots & \vdots \\ p_{m1} & \cdots & p_{mj} & \cdots & p_{mn} \end{bmatrix} \tag{5-4}$$

（2）建立归一化矩阵：对同趋势化后的决策矩阵数据进行归一化处理，其指标转换公式为式（5-5）或式（5-6）。

高优指标转化为低优指标：

$$q_{ij}=\frac{s_{ij}}{\sqrt{\sum_{i=1}^{m}s_{ij}^{2}}} \tag{5-5}$$

低优指标转化为高优指标：

$$q_{ij}=\frac{s'_{ij}}{\sqrt{\sum_{i=1}^{m}s'^{2}_{ij}}} \tag{5-6}$$

建立相应归一化矩阵：

$$\boldsymbol{Q}=\begin{bmatrix} q_{11} & \cdots & q_{1j} & \cdots & q_{1n} \\ \vdots & \cdots & \vdots & \cdots & \vdots \\ q_{i1} & \cdots & q_{ij} & \cdots & q_{in} \\ \vdots & \cdots & \vdots & \cdots & \vdots \\ q_{m1} & \cdots & q_{mj} & \cdots & q_{mn} \end{bmatrix} \tag{5-7}$$

（3）得到最优方案、最劣方案：据归一化矩阵 $\boldsymbol{Q}$ 得到最优值向量和最劣值向量，即有限方案中的最优方案和最劣方案为：

$$Q^{+}=(q_1^{+},\ \cdots,\ q_j^{+},\ \cdots,\ q_n^{+}),\ q_j^{+}=\max\{q_{1j},\ \cdots,\ q_{ij},\ \cdots,\ q_{mj}\},\ j=1,\ 2,\ \cdots,\ n \tag{5-8}$$

$$Q^{-}=(q_1^{-},\ \cdots,\ q_j^{-},\ \cdots,\ q_n^{-}),\ q_j^{-}=\min\{q_{1j},\ \cdots,\ q_{ij},\ \cdots,\ q_{mj}\},\ j=1,\ 2,\ \cdots,\ n \tag{5-9}$$

（4）计算各评价目标中各指标值与最优方案及最劣方案的距离：

第 i 个评价目标与最优方案的距离为：

$$L_i^{+}=\sqrt{\sum_{j=1}^{n}w_j\,(q_j^{+}-q_{ij})^2} \tag{5-10}$$

第 i 个评价目标与最劣方案的距离为：

$$L_i^- = \sqrt{\sum_{j=1}^{n} w_j\,(q_j^- - q_{ij})^2} \tag{5-11}$$

（5）计算各评价目标与最优方案的接近程度：

$$C_i' = \frac{L_i^-}{L_i^+ + L_i^-} \tag{5-12}$$

（6）各评价目标优劣排序：按 C_i' 大小将各评价目标优劣排序。$C_i' \in [0,\ 1]$，C_i' 越接近 1，表示该评价目标越接近最优水平，方案越优；C_i' 越接近 0，表示该评价目标越接近最劣水平，方案越劣。即 C_i' 值越大，表示综合性能越好。

5.2.3 TOPSIS 法逆序问题

以上传统的 TOPSIS 排序法当减少或增加一个或多个评价目标后，会引起其他评价目标排序的颠倒，即存在逆序问题[15~18]。

5.2.3.1 TOPSIS 法产生逆序的原因

（1）归一化矩阵的计算。评价目标的改变引起整个归一化矩阵的变化，相当于参与评价的指标值发生了变化。

（2）最优方案与最劣方案的计算。TOPSIS 法中的最优方案与最劣方案是一种相对最优及相对最劣方案，最优和最劣方案会随着评价目标的改变而改变；最优方案与最劣方案发生改变，相当于评价准则发生了改变，因此评价结果就产生了变化。

5.2.3.2 综合评价值 C_i' 存在缺陷

C_i' 仅能反映各评价方案内部的相对接近程度，并不能反映与理想的最优方案的接近程度。如下面两种情形，C_i' 并不能判断各评价方案的优劣。

以两属性 S_1、S_2 权重相等的情况为例分析问题[19]。

以两属性的最优值 q_j^+ 和最劣值 q_j^-（$j=1,\ 2$）构建平面坐标，如图 5-2 所示。点（q_1^+，q_2^+）为最优方案 Q^+，点（q_1^-，q_2^-）为最劣方案 Q^-，连接最优方案点 Q^+ 和最劣方案点 Q^-，过直线 Q^+Q^- 上 M 点作其垂线 1，并取两点 M_e、M_f。

如图 5-2（a）所示，点 M 不在直线 Q^+Q^- 的中点，使 $M_eM=M_fM$，则有：

$$C_e = \frac{D_e^-}{D_e^+ + D_e^-} = \frac{D_f^-}{D_f^+ + D_f^-} = C_f \tag{5-13}$$

如图 5-2（b）所示，点 M 是直线 Q^+Q^- 的中点，则直线 1 上所有点均可以看成是理论上存在的评价目标的归一化坐标，即 1 上对应有无数个评价目标，这无

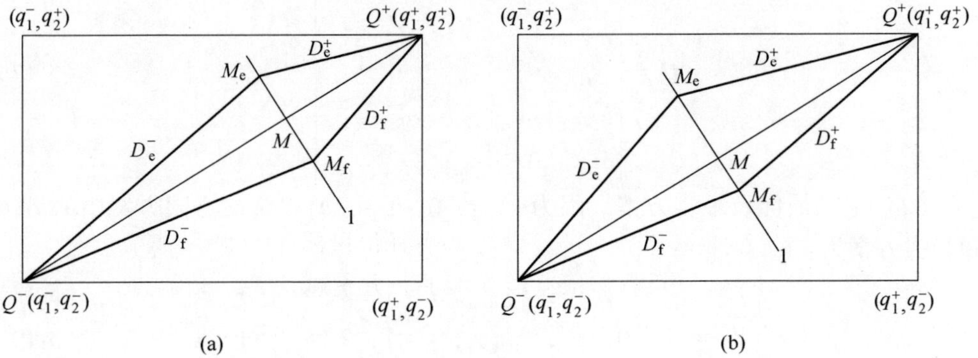

图 5-2　C_i'值不能判别的评价目标优劣情况示意图

数个评价目标的 C_i' 值全都等于 1/2，即

$$C_e = \frac{D_e^-}{D_e^+ + D_e^-} = \frac{1}{2} = \frac{D_f^-}{D_f^+ + D_f^-} = C_f \tag{5-14}$$

因此，传统的 TOPSIS 法无法区分直线 1 上的任意多个评价方案的优劣。为了避免上述弊端对 TOPSIS 方法进行改进。

5.2.4　改进的 TOPSIS 法

（1）改进的归一化处理方法。将原始矩阵（5-2）中的指标作同趋势化处理，得到决策矩阵（5-3），指标按式（5-15）或式（5-16）进行转换，对其进行归一化处理，得到改进后的决策矩阵。

高优指标转化为低优指标：

$$y_{ij} = \frac{s_{ij} - s_j^-}{s_j^+ - s_j^-},\ i = 1,\ 2,\ \cdots,\ m;\ j = 1,\ 2,\ \cdots,\ n \tag{5-15}$$

低优指标转化为高优指标：

$$y_{ij} = \frac{s_j^+ - s_{ij}}{s_j^+ - s_j^-},\ i = 1,\ 2,\ \cdots,\ m;\ j = 1,\ 2,\ \cdots,\ n \tag{5-16}$$

式中　s_j^+ ——把第 j 个指标的理想最优值经过同趋势化处理以后得到的值，在评价有效的范围内，第 j 个指标的任何取值经过同趋势化处理以后都小于等于 s_j^+ ；

s_j^- ——把第 j 个指标的理想最劣值经过同趋势化处理以后得到的值，在评价有效的范围内，第 j 个指标的任何取值经过同趋势化处理后都大于等于 s_j^- 。

$$
\boldsymbol{Q} = \begin{bmatrix} y_{11} & \cdots & y_{1j} & \cdots & y_{1n} \\ \vdots & \cdots & \vdots & \cdots & \vdots \\ y_{i1} & \cdots & y_{ij} & \cdots & y_{in} \\ \vdots & \cdots & \vdots & \cdots & \vdots \\ y_{m1} & \cdots & y_{mj} & \cdots & y_{mn} \end{bmatrix} \tag{5-17}
$$

(2) 定义最优及最劣方案。因为 $s_{ij} \in [0,1]$，所以定义有限方案中的最优和最劣方案为：

$$Y^+ = [1, 1, \cdots, 1]_{1\times n},\ j = 1, 2, \cdots, n \tag{5-18}$$

$$Y^- = [0, 0, \cdots, 0]_{1\times n},\ j = 1, 2, \cdots, n \tag{5-19}$$

(3) 计算各评价目标所有指标值与最优方案和最劣方案的距离。

第 i 个评价目标与最优方案的距离为：

$$D_i^+ = \sqrt{\sum_{j=1}^{n} w_j (1 - y_{ij})^2} \tag{5-20}$$

第 i 个评价目标与最劣方案的距离为：

$$D_i^- = \sqrt{\sum_{j=1}^{n} w_j (0 - y_{ij})^2} \tag{5-21}$$

有权重时，D_i^+ 与 $D_i^- \in [0,1]$；无权重时，相当于 $w_j = 1$，故 D_i^+ 与 $D_i^- \in [0, \sqrt{n}]$。

(4) 建立各评价目标的（D_i^+，D_i^-）二维空间。

(5) 确定最优参照点。有权重时，设 $D_i^+ = 0$、$D_i^- = 1$ 为最优参照点 D；无权重时，设 $D_i^+ = 0$、$D_i^- = \sqrt{n}$ 为最优参照点 D，如图 5-3 所示。

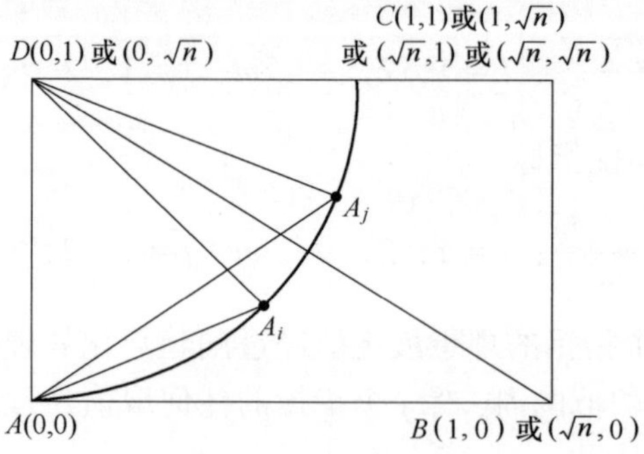

图 5-3　改进的 TOPSIS 法评价示意图

(6) 计算各评价目标与最优参照点 D 间的相对距离。

有权重时：

$$C_i = \sqrt{[D_i^+ - 0]^2 + [D_i^- - 1]^2}, \ i = 1, 2, \cdots, m \tag{5-22}$$

无权重时：

$$C_i = \sqrt{[D_i^+ - 0]^2 + [D_i^- - \sqrt{m}]^2}, \ i = 1, 2, \cdots, m \tag{5-23}$$

（7）根据 C_i 值对各评价目标排序。根据 C_i 值对各评价目标排序。C_i 值较小的评价目标较优，即与图 5-3 中参照点 D 的相对距离较近的点为较优目标。当计算评价目标 A_i、A_j（$i \neq j$）与参照点 D 的距离相等时，则设 A（0，0）点为次优参照点，计算评价目标 A_i、A_j到 A 点的距离。

$$C_i = \sqrt{[D_i^+ - 0]^2 + [D_i^- - 0]^2}, \ i = 1, 2, \cdots, m \tag{5-24}$$

取 C_i 值较小的评价目标为较优，也就是在评价目标与参照点 D 距离相等时，选择与参照点 A 相对距离较近的目标为较优。

TOPSIS 排序法采用欧几里得距离计算各评价属性到“正理想解”和“负理想解”的距离，能够快速确定最佳备选属性，优点是计算过程简单易懂，备选属性可以用简单的数学形式描述，在计算过程中还可以使用客观权重，特别是对统计知识与技能掌握不全面的设计人员而言，是一种在实际中易于推广应用的方法，目前 TOPSIS 法已在很多领域得到了推广应用。

5.3 盘式管道输送机的 TOPSIS 评价分析

盘式管道输送机工作时，刮板链条的运行速度及物料填充率等参数直接影响电机功率的大小；同时，物料填充率还与链条张力及其运行的稳定性有密切关系，刮板链条运行不稳定会导致整机运行振动加剧，噪声增加，能耗增大，整机性能降低。

影响盘式管道输送机整机性能的设计因素主要包括各运行参数的匹配，一台满足输送要求的盘式管道输送机，刮板链条运行速度及物料填充率有多种匹配关系，不同的参数匹配导致电机运行功率不同，从而使得整机运行性能不一样。确定使盘式管道输送机整机性能较优的参数匹配是属于多属性决策问题。应用 TOPSIS 法对盘式管道输送机进行研究，目的是调查影响盘式管道输送机性能的多个属性，决定研究问题，得到评价盘式管道输送机整机性能的数学模型，为设计人员提供有效的方案优劣评判依据，选择使整机性能较优的参数匹配，减少主观因素的影响。

为了获取盘式管道输送机整机性能受物料填充率及刮板链条运行速度影响的变化趋势，本书以 $Q = 45\text{t/h}$、$L = 25\text{m}$、TSC200（Tube Scraper Conveyor）水平输送大豆为例，通过第 3 章理论计算得到满足输送要求的理论物料填充率、链条运行速度及电机所需功率并构造评价属性，见表 5-3。

表 5-3　盘式管道输送机多属性原始数据

评价目标	评价指标		
	填充率/%	刮板链条速度/m · s^{-1}	电机功率/kW
1	95	0.29	4.49
2	94	0.30	4.59
3	93	0.30	4.63
4	92	0.30	4.67
5	91	0.31	4.71
6	90	0.31	4.70
7	89	0.31	4.79
8	88	0.32	4.83
9	87	0.32	4.87
10	86	0.33	4.92
11	85	0.33	5.00
12	84	0.33	5.01
13	83	0.34	5.06
14	82	0.34	5.11
15	81	0.35	5.16
16	80	0.35	5.21
17	79	0.35	5.26
18	78	0.36	5.32
19	77	0.36	5.37
20	76	0.37	5.43
21	75	0.38	5.56
22	74	0.38	5.55
23	73	0.38	5.61
24	72	0.39	5.68
25	71	0.39	5.74
26	70	0.40	5.80
27	69	0.41	5.88
28	68	0.41	5.95
29	67	0.42	6.02
30	66	0.42	6.10
31	65	0.43	6.17
32	64	0.44	6.26

续表 5-3

评价目标	评价指标		
	填充率/%	刮板链条速度/m · s^{-1}	电机功率/kW
33	63	0.44	6.34
34	62	0.45	6.42
35	61	0.46	6.51
36	60	0.47	6.64
37	59	0.47	6.70
38	58	0.48	6.80
39	57	0.49	6.90
40	56	0.50	7.00
41	55	0.51	7.10
42	54	0.52	7.22
43	53	0.53	7.34
44	52	0.54	7.46
45	51	0.55	7.59
46	50	0.57	7.84
47	45	0.62	8.40
48	40	0.70	9.40

将表 5-3 中原始数据的高优指标转化为低优指标，得到同趋势化数据，如表 5-4 所示。

表 5-4 盘式管道输送机多属性同趋势化数据

评价目标	评价指标		
	填充率/%	刮板链条速度/m · s^{-1}	电机功率/kW
1	0.010526	0.29	4.49
2	0.010638	0.30	4.59
3	0.010753	0.30	4.63
4	0.010870	0.30	4.67
5	0.010989	0.31	4.71
6	0.011111	0.31	4.70
7	0.011236	0.31	4.79
8	0.011364	0.32	4.83
9	0.011494	0.32	4.87
10	0.011628	0.33	4.92

续表 5-4

评价目标	评价指标		
	填充率/%	刮板链条速度/m · s^{-1}	电机功率/kW
11	0. 011765	0. 33	5. 00
12	0. 011905	0. 33	5. 01
13	0. 012048	0. 34	5. 06
14	0. 012195	0. 34	5. 11
15	0. 012346	0. 35	5. 16
16	0. 012500	0. 35	5. 21
17	0. 012658	0. 35	5. 26
18	0. 012821	0. 36	5. 32
19	0. 012987	0. 36	5. 37
20	0. 013158	0. 37	5. 43
21	0. 013333	0. 38	5. 56
22	0. 013514	0. 38	5. 55
23	0. 013699	0. 38	5. 61
24	0. 013889	0. 39	5. 68
25	0. 014085	0. 39	5. 74
26	0. 014286	0. 40	5. 80
27	0. 014493	0. 41	5. 88
28	0. 014706	0. 41	5. 95
29	0. 014925	0. 42	6. 02
30	0. 015152	0. 42	6. 10
31	0. 015385	0. 43	6. 17
32	0. 015625	0. 44	6. 26
33	0. 015873	0. 44	6. 34
34	0. 016129	0. 45	6. 42
35	0. 016393	0. 46	6. 51
36	0. 016667	0. 47	6. 64
37	0. 016949	0. 47	6. 70
38	0. 017241	0. 48	6. 80
39	0. 017544	0. 49	6. 90
40	0. 017857	0. 50	7. 00
41	0. 018182	0. 51	7. 10
42	0. 018519	0. 52	7. 22

续表 5-4

评价目标	评价指标		
	填充率/%	刮板链条速度/m·s^{-1}	电机功率/kW
43	0.018868	0.53	7.34
44	0.019231	0.54	7.46
45	0.019608	0.55	7.59
46	0.020000	0.57	7.84
47	0.022222	0.62	8.40
48	0.025000	0.70	9.40

为了减少人为因素，取专家群体对属性的信息权重为 1，运用改进的归一化处理方法，依据式（5-17）得到归一化矩阵 $\boldsymbol{Q}$ 数据，如表 5-5 所示。

表 5-5 盘式管道输送机多属性归一化数据

评价目标	评价指标		
	填充率/%	刮板链条速度/m·s^{-1}	电机功率/kW
1	1.000000	1.000000	1.000000
2	0.992263	0.980805	0.980041
3	0.984360	0.972927	0.972301
4	0.976285	0.965122	0.964358
5	0.968032	0.956829	0.956212
6	0.959596	0.951220	0.957230
7	0.950970	0.940000	0.939308
8	0.942149	0.931220	0.930550
9	0.933124	0.922439	0.921792
10	0.923890	0.913171	0.912627
11	0.914439	0.902439	0.896130
12	0.904762	0.894390	0.893686
13	0.894852	0.884634	0.884114
14	0.884701	0.874390	0.873931
15	0.874299	0.864146	0.863747
16	0.863636	0.853659	0.853360
17	0.852704	0.842927	0.842464
18	0.841492	0.831707	0.831405
19	0.829988	0.820488	0.820163
20	0.818182	0.808780	0.808350

续表 5-5

评价目标	评价指标		
	填充率/%	刮板链条速度/m · s^{-1}	电机功率/kW
21	0. 806061	0. 780488	0. 782077
22	0. 793612	0. 784390	0. 784216
23	0. 780822	0. 771707	0. 771609
24	0. 767677	0. 759024	0. 758656
25	0. 754161	0. 745366	0. 745418
26	0. 740260	0. 731707	0. 733198
27	0. 725955	0. 717561	0. 717515
28	0. 711230	0. 702927	0. 703055
29	0. 696065	0. 688049	0. 688045
30	0. 680441	0. 672683	0. 672709
31	0. 664336	0. 658537	0. 657841
32	0. 647727	0. 640244	0. 640407
33	0. 630592	0. 623415	0. 623503
34	0. 612903	0. 605854	0. 606069
35	0. 594635	0. 587805	0. 588065
36	0. 575758	0. 560976	0. 562118
37	0. 556240	0. 549756	0. 550305
38	0. 536050	0. 529756	0. 530346
39	0. 515152	0. 509268	0. 509776
40	0. 493506	0. 487805	0. 488391
41	0. 471074	0. 463415	0. 468432
42	0. 447811	0. 442683	0. 443381
43	0. 423671	0. 418780	0. 419552
44	0. 398601	0. 393902	0. 394807
45	0. 372549	0. 368293	0. 369124
47	0. 345455	0. 317073	0. 317719
48	0. 191919	0. 195122	0. 203666

定义有限方案中的最优和最劣方案为：

$$Y^{+} = [1,\ 1,\ \cdots,\ 1]_{1\times n},\ j = 1,\ 2,\ \cdots,\ n$$

$$Y^{-} = [0,\ 0,\ \cdots,\ 0]_{1\times n},\ j = 1,\ 2,\ \cdots,\ n$$

根据式（5-20）与式（5-21）分别计算各评价方案所有属性值与最优方案及

最劣方案的距离 D_i^+、D_i^-，见表5-6。

根据式（5-23）计算诸评价方案与最优方案的接近程度 C_i，见表5-6。取 C_i 值较小的评价目标较优，并进行排序，结果如表5-6所示。

表5-6　不同方案指标值与最优值的相对接近程度及排序结果

评价目标	评价指标 填充率/%	D_i^+	D_i^-	C_i	排序结果
1	95	0.000000	1.414214	0.414214	31
2	94	0.007746	1.381502	0.381580	28
3	93	0.015658	1.365225	0.365560	27
4	92	0.023748	1.348843	0.349651	25
5	91	0.032024	1.331986	0.333526	24
6	90	0.040458	1.322838	0.325363	22
7	89	0.049165	1.297669	0.301701	20
8	88	0.058048	1.280057	0.286010	19
9	87	0.067150	1.262429	0.270884	17
10	86	0.076487	1.244228	0.255925	15
11	85	0.086160	1.220737	0.236956	13
12	84	0.095898	1.207262	0.228372	12
13	83	0.105994	1.188473	0.216233	10
14	82	0.116382	1.169030	0.205221	8
15	81	0.127057	1.149573	0.196254	6
16	80	0.138042	1.129845	0.189513	4
17	79	0.149360	1.109683	0.185307	2
18	78	0.161028	1.089156	0.184062	1
19	77	0.173050	1.068513	0.186119	3
20	76	0.185475	1.047305	0.191412	5
21	75	0.199752	1.011100	0.200060	7
22	74	0.211567	1.004095	0.211607	9
23	73	0.225294	0.981963	0.226015	11
24	72	0.239492	0.959644	0.242868	14
25	71	0.254242	0.936729	0.261997	16
26	70	0.269423	0.914222	0.282749	18
27	69	0.285423	0.889996	0.305887	21
28	68	0.301944	0.866070	0.330314	23
29	67	0.319134	0.841797	0.356195	26

续表 5-6

评价目标	评价指标 填充率/%	D_i^+	D_i^-	C_i	排序结果
30	66	0. 337038	0. 817174	0. 383432	29
31	65	0. 355417	0. 793105	0. 411250	30
32	64	0. 375275	0. 766593	0. 441939	32
33	63	0. 395683	0. 740766	0. 473041	33
34	62	0. 417075	0. 714478	0. 505445	34
35	61	0. 439491	0. 687806	0. 539089	35
36	60	0. 465766	0. 656455	0. 578759	36
37	59	0. 487768	0. 633190	0. 610301	37
38	58	0. 513834	0. 605215	0. 647982	38
39	57	0. 541250	0. 576871	0. 687015	39
40	56	0. 570265	0. 548002	0. 727670	40
41	55	0. 600932	0. 518685	0. 769924	41
42	54	0. 633360	0. 488937	0. 813836	42
43	53	0. 667812	0. 458658	0. 859665	43
44	52	0. 704434	0. 427865	0. 907505	44
45	51	0. 743317	0. 396578	0. 957412	45
46	50	0. 803453	0. 359844	1. 027296	46
47	45	1. 031413	0. 195990	1. 307763	47
48	40	1. 414214	0. 000000	1. 732051	48

综合考虑物料填充率、刮板链条运行速度、功率消耗三个属性，运用改进的 TOPSIS 方法对盘式管道输送机整机性能进行综合评价，根据表 5-6 所列数据可以得到图 5-4 所示的盘式管道输送机随填充率变化的整机性能优劣趋势图，图中纵坐标值小的整机性能较优。

由表 5-6 及图 5-4 得到：本章研究的盘式管道输送机填充率为 78%、刮板链条速度为 0. 36m/s、电机功率为 5. 32kW 的匹配时整机性能最好。通过 TOPSIS 排序法得到，当填充率在 75%～80%范围内时，整机性能较优，在此范围两侧，随着填充率的增大和减小其整机性能呈近似对称分布，但当填充率小于 65%时其整机性能明显降低，且填充率越低整机性能越差。由此结论可知，盘式管道输送机运行时，并非填充率越高、刮板链条速度越小，整机性能越好，也不是填充率越低、刮板链条速度越大，整机性能越好，更不是功率消耗越小越好。

盘式管道输送机在实际的运行中，填充率也仅能控制在某一范围内，不会精

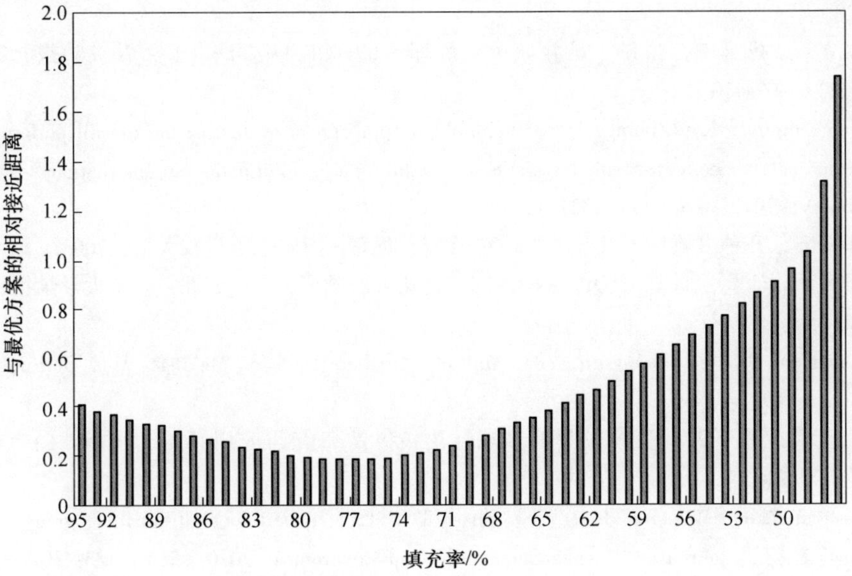

图 5-4 不同方案指标值与最优值的相对接近程度

确到某一具体数值不变，所以设计时选取使整机性能较优的填充率范围进行参数匹配设计。

TOPSIS 评价方法为设计人员提供了一种有效的方案评选方法和方案优劣判别依据，减少了盘式管道输送机设计时设计人员主观因素的影响。

5.4 本章小结

(1) 确定影响盘式管道输送机整机性能的评价属性，该属性包括物料填充率、刮板链条运行速度和电机功率。

(2) 在满足一定生产要求时，通过构造“正理想解”和“负理想解”，并计算各评价目标的属性与“正理想解”和“负理想解”的距离，评价目标属性距“正理想解”越近，证明该评价目标越优，并对结果排序，得到填充率在 75%～80%范围内时的评价目标最好，整机性能较优，在此范围两侧随着填充率的增大和减小其整机性能呈近似对称分布，但当填充率小于 65%时其整机性能明显降低，且填充率越低整机性能越差。

(3) TOPSIS 评价方法为设计人员提供了一种有效的方案评选方法和方案优劣判别依据，减少了盘式管道输送机设计时设计人员主观因素的影响。

参 考 文 献

[1] 吴立云，杨玉中，张强．矿井通风系统评价的 TOPSIS 方法 [J]. 煤炭学报，2007，4 (32)：407-410.

[2] Yao Yanping, Kou Ziming, Meng Wenjun. An approach to evaluating the overall performance of buried scraper conveyor with linguistic information [J]. Information-an International Interdisciplinary, 2013, 16 (6): 3321-3326.

[3] 熊文涛．几种多属性决策方法的研究 [D]. 西安：西安电子科技大学，2005.

[4] 廖炎平，刘莉，邢超．TOPSIS 中不同规范化方法的研究 [J]. 北京理工大学学报，2012，32 (5)：871-876.

[5] Ching-Lai Hwang, Kwangsun Yoon. Multiple Attribute Decision Making [M]. Berlin: Spring-verlag, 1981: 1-15.

[6] 杜政伟．基于区间值模糊集的多属性决策方法研究与应用 [D]. 济南：山东经济学院，2010.

[7] Wenkun Zhou, Wenchun Jiang. Two-phase TOPSIS of uncertain multi-attribute group decision-making [J]. Journal of Systems Engineering and Electronics, 2010 (21): 423-430.

[8] Li Huibo. Study on the evaluation model of eco-agriculture county based on TOPSIS [J]. Journal of Anhui Agri, Sci, 2011 (39): 3504-3505.

[9] Herrera F, Martinez L. A 2-tuple fuzzy linguistic representation model for computing with words [J]. IEEE Transactions on Fuzzy Systems, 2000 (8) : 746-752.

[10] Herrera F, Herrera-Viedma E, Martinez L. A fuzzy linguistic methodology to deal with unbalanced linguistic term sets [J]. IEEE Transactions on Fuzzy Systems , 2008 (16): 354-370.

[11] Herrera-Viedma E, Lopez-Herrera A G. A model of an information retrieval system with unbalanced fuzzy linguistic information [J]. International Journal of Intelligent Systems, 2007 (22): 1197-1214.

[12] Herrera-Viedma E, Lopez-Herrera A G, Luque M, et al. A fuzzy linguistic IRS model based on a 2-tuple fuzzy linguistic approach [J]. International Journal of Uncertainty Fuzziness and Knowledge-Based Systems, 2007 (15): 225-250.

[13] Herrera-Viedma E, Lopez-Herrera A G, Porcel C. Tuning the matching function for a threshold weighting semantics in a linguistic information retrieval system [J]. International Journal of Intelligent Systems , 2005 (20): 921-937.

[14] 王颖．基于 TOPSIS 法的多元质量特性优化方法研究 [D]. 天津：天津大学，2007.

[15] Wang Y M, Luo Y. On rank reversal in decision analysis [J]. Math Comput Model, 2009, 49 (5/6): 1221-1229.

[16] Yu Liping, Pan Yuntao, Wu Yishan. Study on accurate TOPSIS and its use in science and technology evaluation [J]. Journal of Intelligence, 2012, 31 (6): 103-107.

[17] Huang Decai, Zheng Herong. Study on the problem and elimination of rank reversal existing in ideal point pultiple attribute decision making [J]. Systems Engineering and Electronics, 2001,

23 (12): 80-82.

[18] Chen Wei. On the problem and elimination of rank reversal in the application of TOPSIS method [J]. Operations Research and Management Science, 2005, 13 (3): 39-43.

[19] Ren L F, Zhang Y Q, Wang Y R, et al. Comparative analysis of a novel M-TOPSIS method and TOPSIS [J]. App Math Res Exp, 2007: 1-10.

本章发表论文:

Yao Yanping, Kou Ziming, Meng Wenjun, et al. Overall performance evaluation of tubular scraper conveyors using a TOPSIS-based multiattribute decision-making method [J]. Scientific World Journal, 2014, 2014 (5). (SCI: 10.1155/2014/753080)

6 盘式管道输送机实验研究

任何机械设备，设计过程中均存在诸多因素，无法全面加以考虑，使得设计结果与实际运行情况之间会有一定的误差产生，故设计结果的正确性必须通过实验来检验。实验不仅成为解决工程实际问题的有效手段，也为验证和发展理论、验证计算机仿真的可行性及评价方法的有效性提供了重要依据。

6.1 实验方案

盘式管道输送机是一种新型的高效连续输送设备，其设计理论尚处于研究阶段。本章通过实验验证盘式管道输送机理论计算模型的正确性、EDEM 软件仿真及 TOPSIS 评价方法的可行性，为盘式管道输送机的设计提供理论基础、设计及评价方法，缩短其开发周期、节约开发成本，为进一步的深入研究打下基础。

由于实验条件的限制，本次实验内容与 EDEM 计算机仿真及 TOPSIS 评价的内容相对应。对物料填充率为 90%、75%、60%、50%时刮板链条张力的大小变化过程、驱动电机的功率及整机运行噪声等参数进行测量。

6.1.1 实验系统

实验现场如图 6-1 所示。

图 6-1　实验现场

实验机械装置系统如图 6-2 所示，该实验机械装置主要由承载分支 1、落料仓 2、头部驱动装置 3、链轮 4、回程分支 5、加料口 6 等组成。

图 6-3 是测试过程示意图，图中 1 是测量张力的链环，2 是张力测试线，3 是 DH-5922 应变仪。

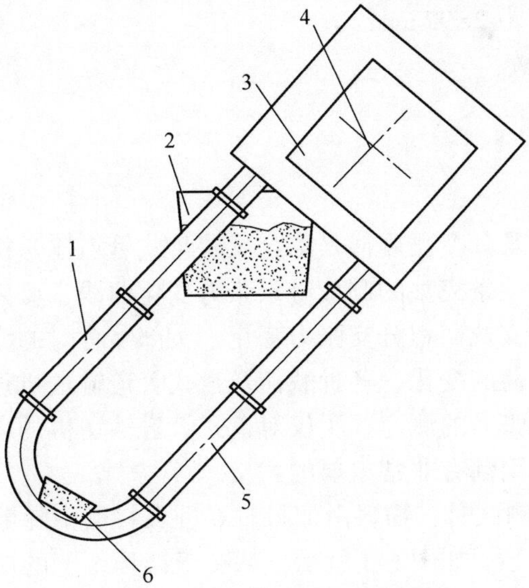

图 6-2 实验机械装置系统简图

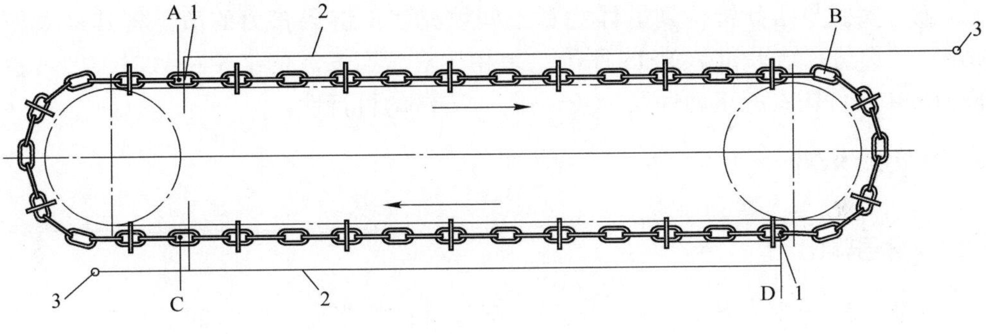

图 6-3 测试过程示意图

6.1.2 实验设备

本次试验主要用到了盘式管道输送机、DH-5922 动态信号测试分析仪、电脑、D33-W 型三相瓦特表、HS5670B 型积分声级计及手持式转速测试仪等设备。

盘式管道输送机主要技术参数：

输送能力 $Q=40\mathrm{t/h}$；

输送距离 25m；

料槽管道尺寸 219mm×6mm；

刮板链条节距 92mm；

链条许用载荷为链条破段载荷的 1/6；

刮板链条刮板节距 2×92mm；

电动机功率 15kW；

减速机传动比 160。

6.1.3　实验原理

刮板链条的张力及其变化规律是综合反映盘式管道输送机工作时刮板链条受力情况的基本标志。一条完整的刮板链条张力变化曲线，可以清楚地反映出链条的起动冲击，承载分支及回程分支张力变化，头部啮合时的多边形效应和冲击引起的动载荷、异常载荷的变化，各种载荷及盘式管道输送机设计、制造和安装中的误差等。刮板链条张力的测定，不仅对盘式管道输送机的理论研究，而且对它的设计制造、正确选用都有非常重要的意义。

如图 6-2 所示，测试时，物料由加料口 6 进入料槽中随着刮板链条沿承载分支 1 向头部卸料口运移。如图 6-3 所示，粘贴于链环 1 上的应变片随刮板链条及物料一起运移，张力测试线 2 沿承载分支刮板及链条固定，由头部开口处引出通过应变补偿片与动态信号分析仪连接，链环上由张力变化引起的应变曲线通过与应变仪连接的 PC 输出。

通过实验数据分析得到散体物料不同填充率下链条张力的值，将其结果与 EDEM 软件仿真结果和 TOPSIS 评价结果相比对，当三者的结论一致时，即可验证 EDEM 软件仿真的正确性及 TOPSIS 评价方法的可行性。

6.2　实验步骤

6.2.1　信号输出

该测试系统是一个动态测试系统，刮板链条的张力有随时间明显变化的特征，同时，由于刮板链条是在封闭的圆管料槽内的物料中运行，就更增加了测试的难度。

（1）由于此处要测量在封闭的金属圆管料槽内运行的刮板链条的张力变化，所以，一般链传动测量中使用的无线应变测试仪，由于料槽壁太厚，信号不能传输出来，无法实现数据实时采集。

（2）曾经考虑制作与刮板链条运转的闭合回路形状相同的滑轨式集流器，但刮板链条在运行过程中有振动产生，而且在输送物料时链条被埋在物料之中，使用滑环集流器的仿形集流法也是行不通的。

（3）基于上述原因，采用电阻应变片直接引线的方法，通过动态应变仪采集输出信号。由于测点的工作环境是封闭的料槽内的物料之中，所以，信号引出线接头的固定和刮板链条上应变片的保护就显得特别重要（如图 6-4（b）所示）。

(a)

(b)

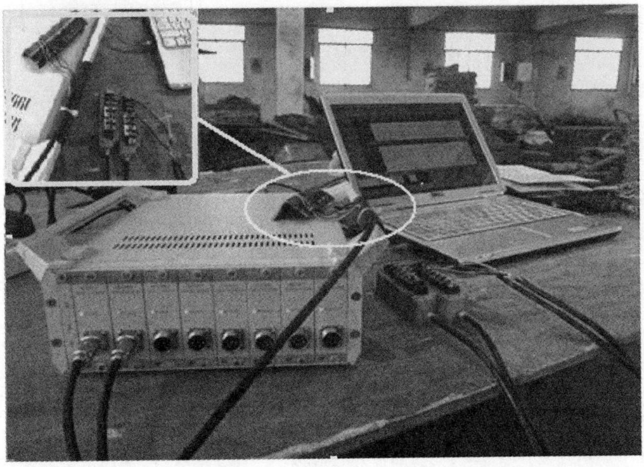

(c)

图 6-4 应变片及张力测试线布置连接图

（a）应变片粘贴；（b）应变片保护；（c）张力测试线与应变仪连接

应变片贴在链条链环外侧面上，如图6-4（a）所示，在料槽中随刮板链条一起运行，张力测试线通过自制应变补偿片（如图6-5所示）与DH-5922动态信号测试分析仪连接（如图6-4（c）所示）。

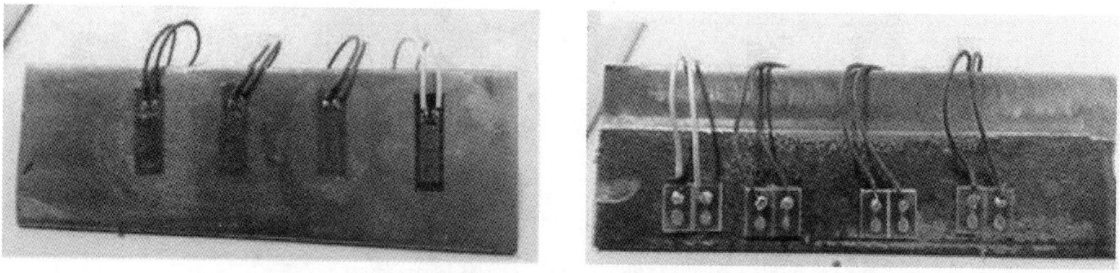

图6-5　应变补偿片

（4）由于此次实验设备是产成品，所以不便改变部件结构，张力测试线只能顺着链条并跨越刮板边缘，沿刮板链条运行方向布置，如图6-3所示。当刮板链条运行至头部时，链条要与齿轮啮合，运行至尾部时要沿弯道改变运行方向，这两处张力测试线都有可能被挤断或切断。所以，此次实验仅在线路直线段布置张力测试线，分别测试承载分支（如图6-3所示AB段）和回程分支（如图6-3所示CD段）直线段链条张力。

图6-6所示为链条张力测试系统框图。

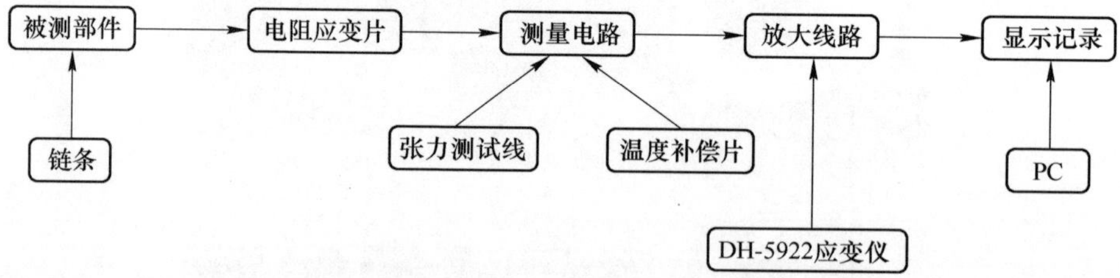

图6-6　链条张力测试系统框图

6.2.2　噪声测定

盘式管道输送机不仅可以进行物料输送，还可以在生产过程中组成有节奏的流水作业线。目前各行业对输送机械的要求越来越高，如粮食、化工、轻纺、食品等部门，不仅对输送机的外观、可靠性、安全性要求很高，而且对其噪声也有严格的要求，而噪声问题是让众多生产厂家头疼的问题，因为它受多种复杂因素的影响，是产品质量的综合反映[1]。盘式管道输送机的噪声大小是由多种因素决定的，从零件的制造、装配到输送机械的安装、使用，每一环节都至关重要，只有认真做好每一步工作，严格按规范操作，噪声才有可能被降低。

盘式管道输送机的噪声测定，参考埋刮板输送机国家标准GB/T 10596—2011[2]进行。此次测试中，使用HS5670B型积分声级计对盘式管道输送机运行的噪声进行测试（见图 6-7），测试程序为：

（1）噪声测定在距盘式管道输送机测量部位的外侧 1m 处进行；测量部位为头部驱动装置、尾部弯曲段、承载分支段、回程分支段。

（2）首先测量环境背景噪声 L_0，然后测量运转时的噪声 L_1。

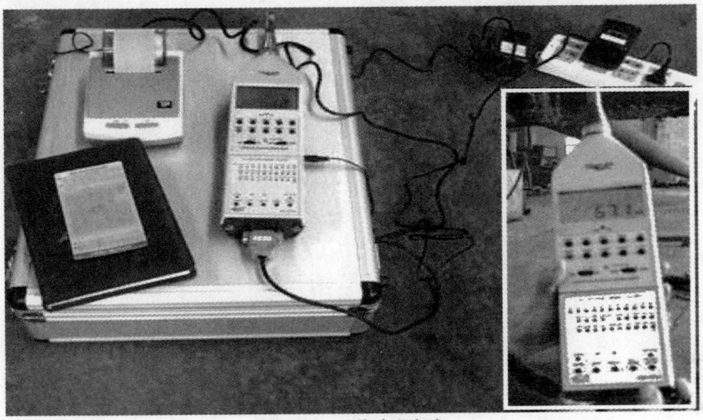

图 6-7 噪声测试

测定结果计算：

（1）当 $L_1-L_0>10$dB（A）时，输送机噪声为 L_1；

当 $L_1-L_0<3$dB（A）时，测定噪声无效；

当 3dB（A）$\leqslant L_1-L_0\leqslant$10dB（A）时，运转时的噪声 L_1 减去噪声修正量 ΔL（表 6-1）即为输送机实际噪声。

（2）取各测量部位中的最大值为输送机噪声值。

表 6-1 噪声修正量[2]（dB（A））

L_1-L_0	3	4~5	6~8	9~10
ΔL	3	2	1	0.5

6.2.3 功率测试

此次测试中，使用 D33-W 型三相瓦特表对盘式管道输送机的电机输出功率进行了测试，使用高精度非接触式转速测试仪测试链轮轴转速，功率测试过程如图 6-8 所示。

测试得到电机实际输出功率，该功率与电机传动比的比值即为链轮理论计算功率，假设链轮上的圆周力不变，测量链轮转速得到链轮实际功率，将该实际功率与理论计算功率相比得到驱动装置的工作效率；也可以将电机实际输出功率与理论计算功率相比较，得到电机的工作效率。本研究主要分析链条张力并借助电机实际运行功率对盘式管道输送机整机性能进行评价，故对其工作效率不做详细分析。

图 6-8　功率测试

6.3　数据分析

6.3.1　应变测试数据及分析

6.3.1.1　测试数据

为了验证本研究理论分析的正确性、EDEM 模拟仿真及 TOPSIS 综合评价的可行性，分析不同运行参数下链条的张力变化。本研究采集了盘式管道输送机在不同填充率和链条运行速度下的链条应变曲线，采集点相同，并对信号曲线进行分析。以时间为横坐标，单位 s，应变为纵坐标，单位 με，各运行条件下的链条张力应变曲线如图 6-9～图 6-12 所示。图 6-9 中前面一部分是尚未加料时的应变曲线。

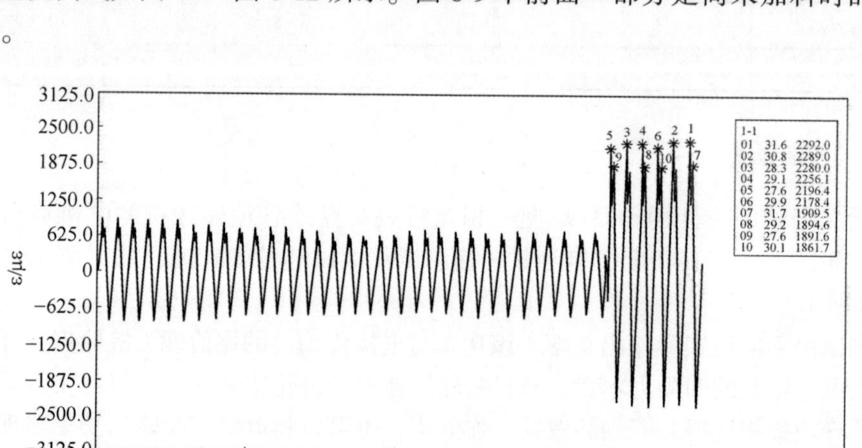

(a)

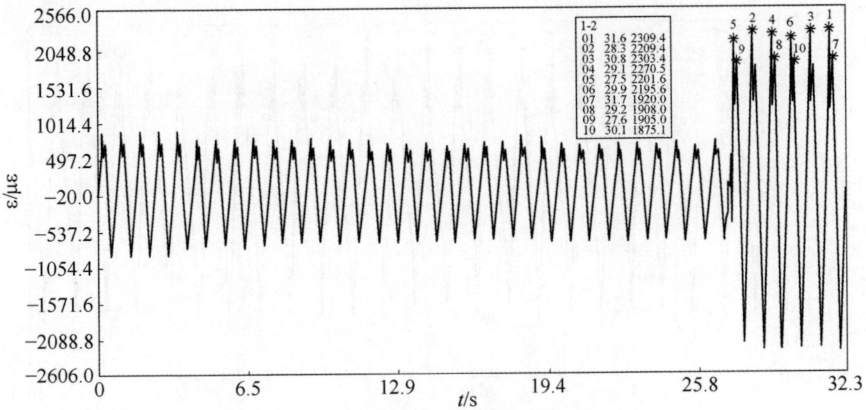

(b)

图 6-9 $\eta = 75\%$时链条应变曲线

(a) 1 通道数据；(b) 2 通道数据

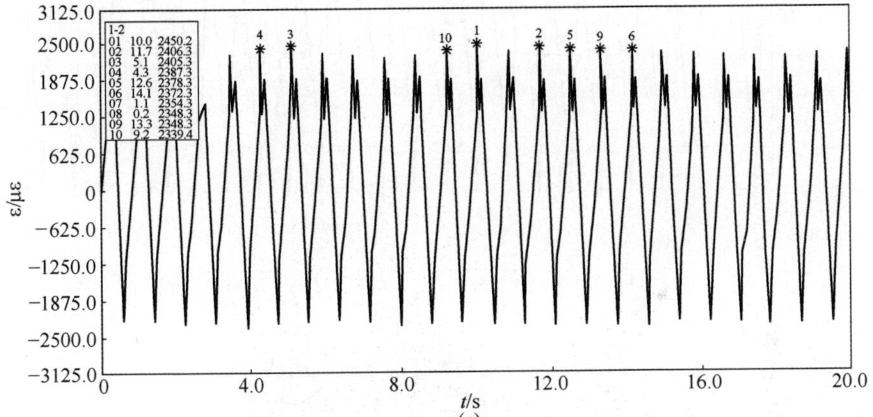

(a)

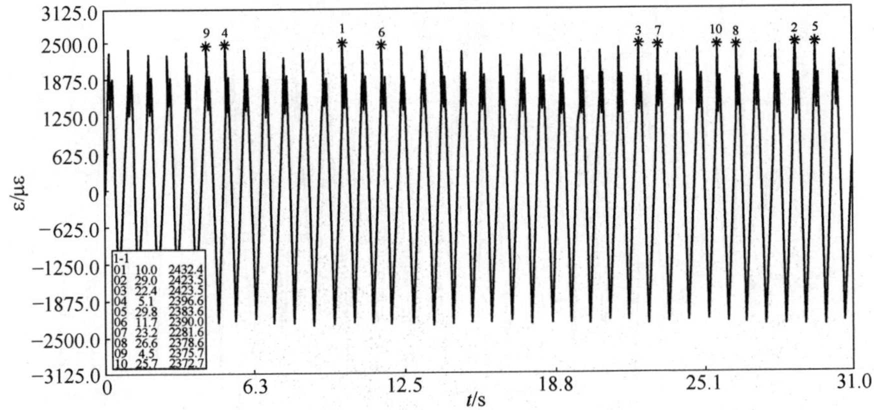

(b)

图 6-10 $\eta = 60\%$时链条应变曲线

(a) 1 通道数据；(b) 2 通道数据

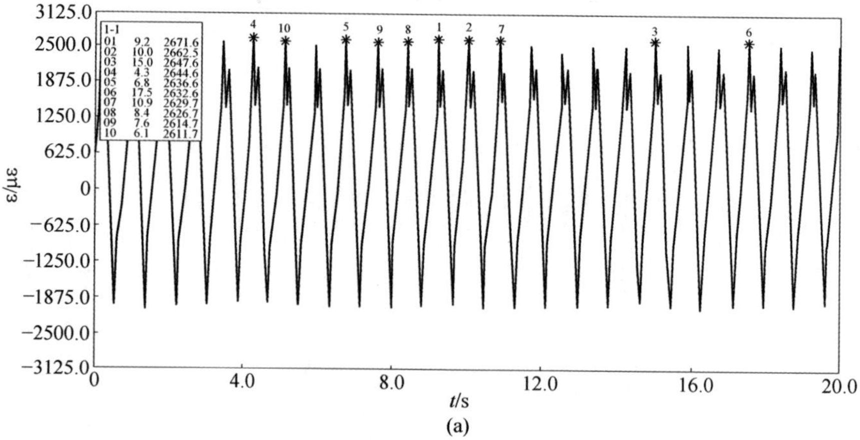

(a)

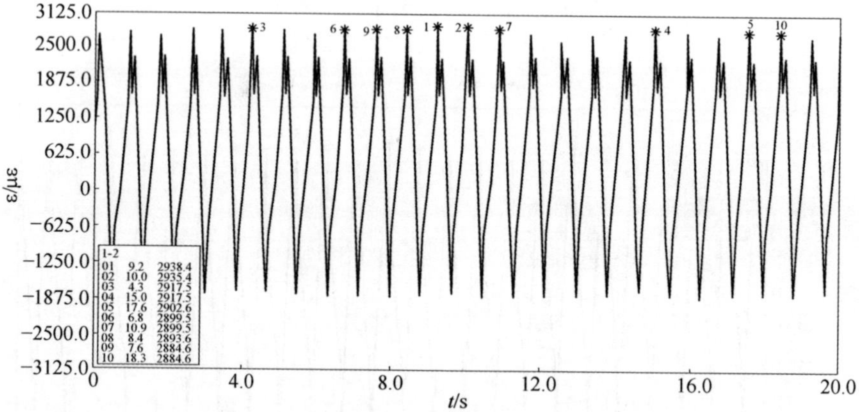

(b)

图 6-11　$\eta=50\%$时链条应变曲线

(a) 1 通道数据；(b) 2 通道数据

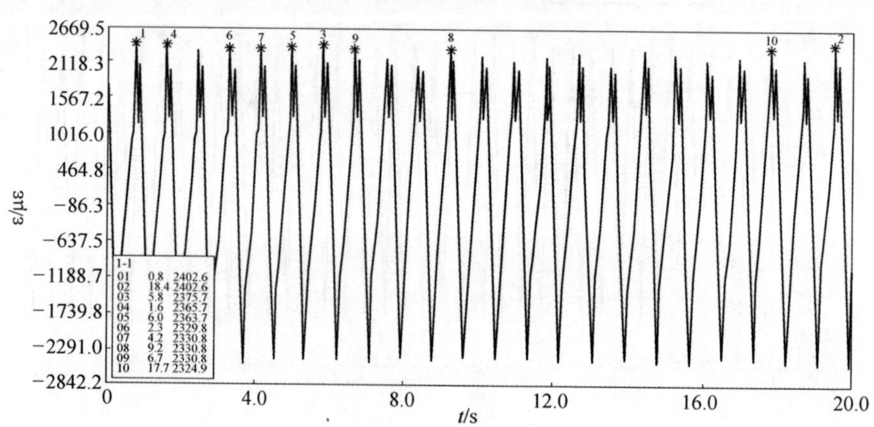

(a)

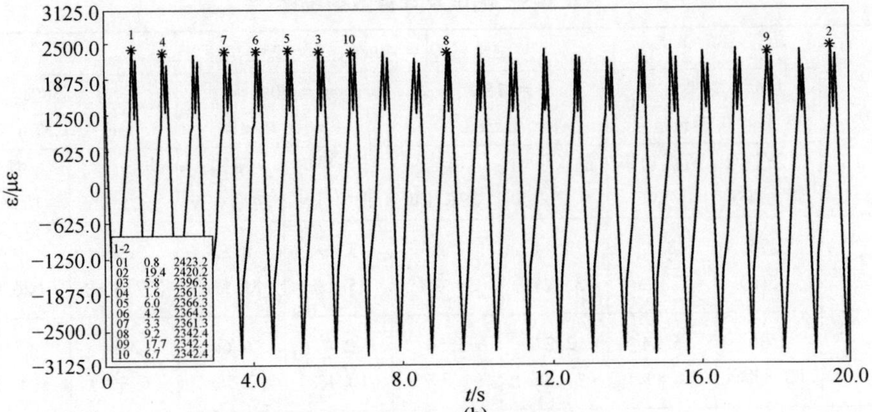

(b)

图 6-12 $\eta=90\%$时链条应变曲线

(a) 1 通道数据；(b) 2 通道数据

统计图 6-9~图 6-12 中通道 1 和 2 的应变平均值，见表 6-2。

表 6-2 同一测试条件下不同通道的应变峰值

填充率/%	应变片 1 的平均值 ε_1/με	应变片 2 的平均值 ε_2/με	$\varepsilon_1-\varepsilon_2$ /με
90	2357.12	2372.01	14.89
75	2104.91	2109.8	4.89
60	2396.86	2332.4	35.54
50	2637.72	2799.28	161.56

6.3.1.2 分析数据

A 数据处理

将应变片贴于如图 2-14 所示的位置 1 和 2，其中位置 1 位于节距中点处，位置 2 位于距 B 端 9/14 节距处。根据表 6-2 中的值，通过求解超越方程（2-64），得到链条所受拉力，见表 6-3。

B 数据分析

表 6-3 中所列的是按不同测试条件测得的实验数据及按本研究和其他方法计算出的结果数据。

由表 6-3 可以看出：

（1）由第 1 章文献［19］计算得到的结果，比实验测量数据要大，且随着

表 6-3　测试及计算数据统计

方法	输送量 Q = 40t/h，L = 25m							
	η = 90%、v = 0.31m/s		η = 75%、v = 0.38m/s		η = 60%、v = 0.45m/s		η = 50%、v = 0.57m/s	
	链条平均张力/kN	所需功率/kW	链条平均张力/kN	所需功率/kW	链条平均张力/kN	所需功率/kW	链条平均张力/kN	所需功率/kW
文献 [3]	3.75 (35%)	8.3 (27.3%)	3.44 (35.2%)	7.38 (34.4%)	3.89 (45.1%)	8.52 (31.5%)	3.96 (27.3%)	9.81 (26.6%)
本研究方法	2.36 (3.8%)	6.24 (4.8%)	2.27 (11.3%)	5.56 (1.3%)	2.4 (10.4%)	6.64 (2.5%)	2.9 (6.8%)	7.84 (1.2%)
EDEM 仿真	—	—	1.58 (22.5%)	5.17 (5.8%)	1.9 (29.1%)	5.98 (7.7%)	2.5 (19.6%)	6.97 (11.4%)
实验测量结果	2.45	6.03	2.04	5.49	2.68	6.48	3.11	7.75

注：表中括号内数据是对应数据与实验测量数据的相对误差值。

刮板链条运行速度的增大，该数据与实验测量数据的差值也增大，这在很大程度上是由于动载荷作用的结果，其次，以方形料槽的方法计算侧压力，使得侧压力值被放大。

（2）由本研究计算方法得到的结果比实验数据小，且链条张力随着物料填充率的降低而减小，但与实验数据的差值，随着运行速度的增加而增大，这也主要是由于动载荷的原因。实验测量数据大，因为测量过程中总存在一些非人为的因素，如链条啮合振动、刮板与料槽间隙中卡上物料颗粒等，导致摩擦力增大，从而使得测量张力增大。由本研究计算方法所得电机功率与实验测量值较接近，可以合理选用电机，避免功率选择的浪费。

（3）EDEM 仿真结果最小，因为仿真模型及仿真过程是在理想状态下，其参数设定以后值是恒定不变的，但是在实际运行过程中，一些参数总是变化的，比如模拟摩擦系数，在实际运行中由于加工、安装、使用的原因，均会导致模拟摩擦系数改变，另外，EDEM 软件目前尚不能处理动载荷的影响，所以仿真值会偏小。

（4）比较表 6-3 可知，当 $\eta=75\%$时，链条张力最小，电机功率最小；$\eta=50\%$时，链条张力最大，但电机功率最大；当 $\eta=90\%$时，链条张力及电机功率比 $\eta=75\%$时大，比 $\eta=60\%$时小，该结论与 TOPSIS 评价的结论一致。

分析表 6-3 可知，采用第 1 章文献［19］的方法计算所得结果与本研究实验测量所得数据相对误差最大，采用本研究计算方法所得结果与实验测量所得数据相对误差最小。当 $\eta=75\%$时，链条平均张力相对误差较大，且实验测量数据小于理论计算数据，说明在实际输送过程中，物料可能起到了“润滑”的作用，既减小了刮板与料槽间的摩擦也缓冲了链条的振动。

本着我国“开发与节约并举、节约优先”的节能方针，综上所述，该实验得到 $\eta=75\%$的输送方案最好，$\eta=90\%$较 $\eta=60\%$好，$\eta=50\%$最差。该结论与EDEM 仿真及 TOPSIS 评价结论一致，充分证明了 EDEM 软件用于盘式管道输送机输送物料的仿真、使用 TOPSIS 评价方法评价盘式管道输送机的整机性能是切实可行的。

6.3.2 噪声测试数据及分析

本次测量采用 A 声级，测量范围为 25~135dB，测量频率为 20Hz~20kHz。测点位置分布如图 6-13 所示。

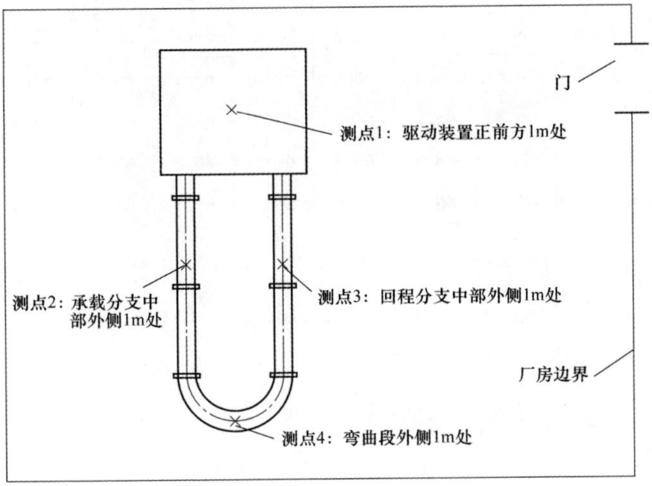

图 6-13 测点位置分布

盘式管道输送机运行时噪声测量数据如表 6-4 所示。

表 6-4 盘式管道输送机测量原始数据

中心频率/Hz		31.5	63	125	250	500	1k	2k	4k	8k	16k
A 计权修正值/dB		−39.4	−26.2	−16.1	−8.6	−3.2	0	+1.2	+1.0	−1.1	−6.6
90%填充率频带声压级测量值/dB	1	82.3	83.5	80.6	81.8	81.3	83.1	82.2	82.1	82.9	81.7
	2	75.8	80.5	75.2	75.6	73.3	75.4	75.6	72.1	71.2	74.1
	3	80.1	80.2	77.3	78.4	72.8	79.1	74.3	74.8	77.6	73.5
	4	74.3	75.5	72.7	73.6	73.6	71.7	77.3	77.9	78.4	77.4

续表 6-4

中心频率/Hz		31.5	63	125	250	500	1k	2k	4k	8k	16k
75%填充率频带声压级测量值/dB	1	81.5	82.2	81.2	80.7	81.8	82.3	80.4	80.3	82.7	80
	2	75.8	77.7	70.6	75.8	76.6	73.8	74.3	78.1	75.1	80.1
	3	80.0	75.1	77.2	71.1	70.9	72.3	75.8	72.4	72.1	79.1
	4	79.9	75.2	73.2	70.9	72.7	75.6	70.9	76.3	72.1	70.7
60%填充率频带声压级测量值/dB	1	83.3	83.7	81.6	82.8	81.3	84.1	80.2	82.1	82	80.7
	2	76.8	73.8	74.3	75.5	74.3	73.4	75.6	73.1	71.2	73.1
	3	80	80.2	76.3	79.4	80.5	75.1	80.1	74.8	77.6	73.5
	4	80.1	75.6	72.7	73.6	73.6	72.7	78.3	76.9	78.4	78.4
50%填充率频带声压级测量值/dB	1	80.6	81.7	83.1	92.7	82.2	80.2	83.5	80	83.1	80.2
	2	76.1	79.1	78.3	80.1	75.4	80.7	72.1	74.2	76.5	74.3
	3	77.3	78.7	80.2	75.5	76.3	78	79.1	72.1	74.7	75.3
	4	82.1	80	79.1	78.3	78.4	76	80.1	82.1	79	81.3
背景频带声压级测量值/dB	1	66.8	66.8	65.1	66.0	66.0	65.1	65.1	65.1	65.1	65.0
	2	66.3	66.8	65.0	66.1	65.9	65.0	65.1	65.3	65.3	65.6
	3	66.3	65.8	66.5	66.8	66.1	65.0	65.1	65.5	65.3	65.1
	4	66.5	65.7	66.7	65.0	66.3	65.1	65.9	65.2	65.7	66.1

对表 6-4 中的原始数据按式（6-1）和式（6-2）计算，得到各测试点的测量总平均声压级，由各测试点的总平均声压级按式（6-1）计算，得到盘式管道输送机的总 A 计权声压级，如表 6-5 所示。

$$L_{PT} = 10 \times \lg\left[\sum_{i=1}^{n}(10^{0.1\times L_{P1}} + 10^{0.1\times L_{P2}} + \cdots + 10^{0.1\times L_{Pi}})\right] \tag{6-1}$$

$$L_{eqA} = 10 \times \lg(10^{0.1\times L_{PT}} - 10^{0.1\times L_{PB}}) \tag{6-2}$$

式中　L_{PT}，L_{PB}——分别为测量总平均、背景声级，dB；

L_{Pi}——频带声压级测量值，dB；

L_{eqA}——盘式管道输送机 A 计权声压级，dB。

表 6-5　不同测点盘式管道输送机运行噪声

测　点	声级/dB			
	$\eta=90\%$	$\eta=75\%$	$\eta=60\%$	$\eta=50\%$
1	88.99	88.39	89.18	89.04
2	81.11	82.61	80.45	83.57
3	82.62	80.43	84.83	83.64

续表 6-5

测 点	声级/dB			
	$\eta=90\%$	$\eta=75\%$	$\eta=60\%$	$\eta=50\%$
4	82.49	80.56	83.69	86.95
输送机运行噪声	90.93	90.4	91.69	92.44

表 6-5 中的数据表明，随着物料填充率的变化系统运行时产生的噪声也不同。当 $\eta=75\%$时盘式管道输送机运行噪声最小，$\eta=50\%$时最大，$\eta=90\%$时较 $\eta=60\%$时噪声小，说明随着物料填充率的减小，链条运行不平稳加剧，且刮板与料槽间的磨损也加剧。

6.4 本章小结

本章设计了盘式管道输送机实验系统，验证了计算理论的正确性、EDEM 模拟仿真及 TOPSIS 评价方法的可行性。

（1）设计了盘式管道输送机张力测试系统，实现了盘式管道输送机运行过程中链条张力的测试，验证了盘式管道输送机侧压力及运行阻力的计算理论。测试结果为：$\eta=75\%$时链条张力最小；$\eta=50\%$时链条张力最大；$\eta=90\%$时链条张力小于 $\eta=60\%$时的链条张力。该结论与 EDEM 模拟仿真结果一致。

（2）功率测试结果为：$\eta=75\%$时电机功率最小；$\eta=50\%$时电机功率最大；$\eta=90\%$时电机功率小于 $\eta=60\%$时的电机功率。该结论与 EDEM 仿真结果一致。张力及功率测试结论充分验证了 EDEM 软件应用于盘式管道输送机输送物料的仿真是可行的，为盘式管道输送机提供了一种计算机模拟仿真实验方法。

（3）通过分析链条张力、电机功率及整机运行噪声的测量数据，得到结论与 TOPSIS 评价结果一致，验证了应用 TOPSIS 综合评价法进行盘式管道输送机整机性能评价的合理性，为盘式管道输送机整机性能的判断提供了一种依据。

参 考 文 献

[1] 杨光. 连续输送机械驱动装置的噪声浅析 [J]. 起重运输机械，2003（6）：26-27.

[2] GB/T 10596—2011，埋刮板输送机国家标准 [S]. 中华人民共和国国家质量监督检验检疫总局，中国国家标准化管理委员会，2011.

[3] 林镜榆. 管道链式输送机设计中的一些主要参数 [J]. 当代畜牧，1983（2）：15-19.